时　习　文　库

老子

高亨　译注

齐鲁书社
·济南·

图书在版编目（CIP）数据

老子 / 高亨译注. -- 济南 : 齐鲁书社, 2025. 5.

ISBN 978-7-5333-5139-7

Ⅰ. B223.1

中国国家版本馆CIP数据核字第202562LE15号

出 品 人：王　路

项目统筹：张　丽

责任编辑：张　涵

装帧设计：亓旭欣

老子

LAOZI

高亨　译注

主管单位	山东出版传媒股份有限公司
出版发行	齊魯書社
社　　址	济南市市中区舜耕路517号
邮　　编	250003
网　　址	www.qlss.cn
电子邮箱	qilupress@126.com
营销中心	（0531）82098521　82098519　82098517
印　　刷	山东临沂新华印刷物流集团有限责任公司
开　　本	710mm × 1000mm　1/16
印　　张	12.25
插　　页	2
字　　数	101千
版　　次	2025年5月第1版
印　　次	2025年5月第1次印刷
标准书号	ISBN 978-7-5333-5139-7
定　　价	46.00元

《时习文库》
出版委员会

出版说明

文化乃国本所系，国运所依；文化兴盛则国家昌盛，民族强大。在源远流长的中华文化长河中，经典古籍宛如熠熠星辰，承载着先辈们的智慧、思想与情感，是中华民族精神内核的深厚积淀。

2017 年以来，中共中央办公厅、国务院办公厅相继出台《关于实施中华优秀传统文化传承发展工程的意见》及《关于推进新时代古籍工作的意见》等重要文件，有力推动了大众对中华优秀传统文化的关注与重视，古籍事业亦借此良好契机，迎来了前所未有的跨越发展，步入了一个崭新的黄金时代。齐鲁书社作为文化传承的重要阵地，始终秉持对中华优秀传统文化的敬畏之心，肩负守正创新之使命，积建社四十余年之精华，汇国内学界群贤之伟力，隆重推出中华经典名著普及丛书——《时习文库》。

“学而时习之，不亦说乎？”文库之名，正是源自《论语》的这句经典语录。“时习”不仅是对知识的反复学习与实践，更是一种对中华优秀传统文化持续探索、深入理解的态度。文库共分为文化类和文学类两大辑，囊括了经史子集、诗词歌赋、戏曲小说等诸多经典，旨在为读者搭建一座通往中国古代文化瑰宝的坚实桥梁。文库的编纂宗旨在于，引导读者在阅读经典著作的过程中，将学习与思考深度融合，不断从古人的智慧海洋中汲取营养，从而得到心灵的润泽与智慧的启迪。通过对经史子集、诗词歌赋、戏曲小说等多元内容的系统整理与精良审校，让中华古籍真正成为可亲、可读、可传的“活的文化”。

为了确保文库的品质，我们除升级广受好评的原有经典版本作为开发基础外，亦精选其他优质底本，以确保版本选择的卓越性；文库会聚文史学界权威，如高亨、陆侃如、王仲荦、来新夏等学界大家，群贤毕至，各方咸集；文库延聘名家成立专家委员会，严格把控丛书质量，确保学术水准；文库针对不同层次读者，精心设计文化类与文学类品种：前者左原文右译文下注释，后者文中加简注评析，实用性强；文库采用纸面布脊精装，正文小四号字，双色印刷，装帧精美，版面舒朗，典雅大方，方便易读。

在习近平文化思想指导下，《时习文库》的出版是对中华优秀传统文化“两创”“两个结合”的一次重要尝试。我们希望通过这套文库，让更多的人了解和喜爱中国古代典籍，让中华优秀传统文化在新时代焕发出新的生机与活力。同时，我们也期待广大读者在阅读文库的过程中，能够与古圣先贤进行跨越时空的对话，汲取智慧，启迪心灵，不断提升自我的文化素养和精神境界。让我们一起在经典的海洋中遨游，感受中华文化的博大精深，共同书写中华优秀传统文化传承与发展的新篇章。

齐鲁书社

2025 年 3 月

序

我在1949年以前，写了一本《老子正诂》，很粗略，有错误。之后对前书加以重订，由古籍出版社出版。现在又重新译注《老子》，供同志们参考。

这本书所用的《老子》原文，采用王弼本。王本文字确有误处，则根据汉帛书本、河上公本、傅奕本等古本改正。每章原文后，列出注释。注释中关于文字校勘，则举出所据古本；关于文字训诂，其罕见的则举出根据；凡属采用古人或近人成说的，则举出人名。要之，力求简密。又列译文，译文中有时杂以超出原文以外的语句，意在说明老子的原意。此外还列对于本章内容的分析，简单、扼要地指出它的要点。我的认识水平很低，译注、分析都不免有疏谬，希望同志们指正！

高亨

一九七七年六月于北京

前言

老子生平事迹，司马迁《史记·老子列传》所记很简略，有错误，又有传疑的说法。参考它书也只能描写一个轮廓。

老子姓老名聃，楚国苦县厉乡曲仁里人。生于春秋末期，曾任东周王朝的征藏史，掌管图书，是一个小官吏。他曾到过鲁国，孔丘曾向他问礼。在他五六十岁的时候，周王子朝与悼王、敬王争夺王位，贵族分为两派，展开拉锯式的内战，打了十七八年，老聃失去官职，赴秦国，过函谷关，关尹子请他著书，他才写出《道德经》。之后死在秦国。我认为，《道德经》一书是老聃所作，但也有战国时人增益的文字。

《史记·老子列传》记："老子者……姓李氏，名耳。"先秦人绝无此说，绝不可信。《老子列传》又记："老子之子名宗，宗为魏将，封于段干。"按：段干崇（崇、宗古通用）见《战国策·魏策》，他出现在孔丘死后二百零六年。因此，他不是老聃的儿子，是可以论定的。段干宗可能是李耳的儿子，而李耳可能是老聃的后裔，本姓老名耳。因老、李是一声的转变，所以古书写作李耳。《老子列传》又记："自孔子死之后百二十九年，而史记周太史儋见秦献公……或曰：'儋即老子。'或曰：'非也。'世莫知其然否。"按：太史儋见秦献公一事，又见《史记·周本纪》《史记·

秦本纪》，在孔丘死后一百零五年，那么，他不是老聃，也是可以论定的。

现在就有关老聃的几个问题，略加论述。

一、老聃与老阳子

《左传》记东周王朝有一位官吏叫作老阳子，他与老聃处于同一时期，这两人的关系是值得研究的。

《左传·昭公十二年》：

> 冬十月……甘简公无子，立其弟过。过将去成、景（甘成公、甘景公）之族。成、景之族……杀甘悼公（即甘过）而立成公之孙鳣，丁酉，杀献太子之傅庾皮之子过，杀瑕辛于市，及宫嬖绰、王孙没、刘州鸠、阴忌、老阳子。

这是周王朝贵族自相残杀的一幕惨剧。按：鲁昭公十二年（公元前五三〇年），孔丘时二十二岁。假定老聃比孔丘大二十岁，当是四十二岁。我们从《左传》这段记载中可以得出如下的结论：老阳子与老聃是同时代的人，都是东周王朝的官吏，都姓老，有血缘关系。但是进而考之，老阳子并未被杀，可能就是老聃。

为什么说老阳子并未被杀呢？《左传·昭公二十六年》记，周王子朝与悼王、敬王争王位失败后，逃往楚国。接着写道："阴忌奔莒以叛。"（阴忌是王子朝的党羽。莒是东周境内的一个邑名。）《左传》前文言阴忌被杀，后文又言阴忌奔莒，当然不是一个人死而复生。那么是两个人吗？同处一个周王朝，同是王朝的贵族，仅仅十四年间（鲁昭公十二年至二十六年），绝不会有两个阴忌。这就足以证明阴忌并未被杀，也足以证明宫嬖绰、王孙没、刘州鸠、老阳子均未被杀。

《左传》的后文既然证明阴忌、老阳子等五人并未被杀，那么，其前文就必然有误了。我认为，“及宫嬖绰、王孙没、刘州鸠、阴忌、老阳子”是一句。“及”当作“反”，字形相似而误。“反”是召回之意。这句的意思是说召回阴忌、老阳子等五人。阴忌、老阳子等五人当是被甘悼公或甘简公所排挤，逃往别国。成、景之族在杀死甘悼公之后，一方面杀死悼公的拥护者庾过和瑕辛，以削弱敌方的势力；另一方面召回悼公的反对者阴忌、老阳子等五人，以壮大自己的势力。这是很合乎情理的。

“反”和“及”因字形相似而误，古书里这种例证很多，现在只举两个：《晏子春秋·内篇·问上》：“及义而谋。”《群书治要》引“及”作“反”。《吕氏春秋·明理》：“其日……有不光，有不及景。”高诱注：“及一作反。”这两条都是“反”字误作“及”。

“反”字用作召回之意，《左传》里也多有例证。《成公十八年》：“既，齐侯反国弱，使嗣国氏。”《襄公二十一年》：“盍反州绰、邢蒯？勇士也。”《襄公二十八年》：“齐庆封……反卢蒲癸。”《昭公十年》：“桓子……反子城、子公、公孙捷，而皆益其禄。”这几条所谓“反”，都是召回的意思。

总之，根据《左传》后文记“阴忌奔莒”，确知阴忌并未被杀，因而确知老阳子等均未被杀，从而论定《左传》前文的“及”字是“反”字之误。这个论定是有证据的。

为什么说老聃可能就是老阳子呢？因为老聃字伯阳，与《左传》称他为老阳子相合。老聃字伯阳一说，由来已久。今本《史记·老子列传》：“老子者，姓李氏，名耳，字伯阳，谥曰聃。”是今本《史记》有老子字伯阳之说。《索隐》本作“名耳字聃”，司马贞注：“有本字伯阳。”是唐本《史记》也有老子字伯阳之说。《史记》原文有无此说，无可考订。王念孙《读书杂志》以为《史记》原文只作“名耳字聃”，“伯阳谥曰”四字乃后人所增，未免武断。按：老聃、李耳并非一人，所以“名耳字聃”之说根本是错误的。考刘向《列仙传》（《文选·反招隐诗》李善注引）、边韶《老子铭》（《隶释》卷三）都说老子字伯阳，足证老子字伯阳乃汉人相传的说法，应该有其来历，不是汉人所捏造，是可以相信的。老聃字伯阳，而《左传》上有老阳子，老伯阳又称老阳子，正如《左传》刘伯蚠又称刘蚠，其姓、字如此吻合，又生在同一时代，做官于同一王朝，两人是一人，不是很可能吗？能说这是偶然巧合吗？

如果老聃就是老阳子，那么，老聃约在四十二岁以前，曾经受周王朝贵族的迫害，逃往别国，这是他生平中的一件大事。

二、孔丘问礼于老聃

孔丘曾经问礼于老聃，这是没有问题的。问题在于问礼的地点和时间。

先探讨孔丘问礼于老聃的地点问题。

《史记·孔子世家》《老子列传》均言孔子适周，将问礼于老子。那么，问礼的地点当是东周王朝了。其实不然。《礼记·曾子问》一篇乃是战国儒家所述，是研究老聃的最可靠的史料。《曾子问》记孔丘述老聃讲礼之事四条，其第二条：

> 孔子曰：“昔者，吾从老聃，助葬于巷党，及堩，日有食之。……”（堩，墓地的道路。）

巷党是一个地名，没有冠以国名，当在鲁国，因为孔丘是鲁国人。而且根据《论语》，巷党正是鲁国地名。《论语·子罕篇》：

> 子罕言利，与命与仁，达。巷党人曰："大哉孔子，博学而无所成名。"

按康有为《论语注》的读法，在"达"字下断句分章是对的。"子罕言利"是说孔丘很少讲利，"与命与仁"之"与"借为"举"，是说有人问到利或遇到利的时候，孔丘就举出"命"和"仁"以裁制利。"达"是说孔丘举出"命"和"仁"以裁制利，能讲得通，行得通。巷党乃是鲁国地名，与"阙党"（见《论语·宪问篇》）同例，这是可以肯定的。前代注家不知"与"借为"举"，又不知当在"达"字下断句分章，而以"达巷党"为地名，实属谬误而难通。《论语》有巷党，《曾子问》也有巷党，都与孔丘有联系，这当然是一个地名，能说这是偶然巧合吗？《论语》的巷党既在鲁国，《曾子问》的巷党也在鲁国，更是没有异议的。由此可见，孔丘问礼于老聃是在鲁国。（以上略采刘汝霖《周秦诸子考》的说法。）

其次探讨孔丘问礼于老聃的时间问题。

《史记·孔子世家》把孔丘问礼于老聃一事列在孔丘十七岁之后与三十岁之前。边韶《老子铭》、郦道元《水经注·渭水篇》均言孔子年十七问礼于老子。足证孔丘十七岁问礼于老聃，乃是由汉人传下来的说法，当有根据。而清人和近人多不相信。其实这一说法是符合史实的。《曾子问》记孔丘从老聃助葬于巷党，遇日食。毫无疑问，孔丘问礼于老聃的那一年，有过日食。而孔丘十七岁的那一年是鲁昭公七年。《春秋经》记昭公七年"四月甲辰朔，日有食之”。《老子铭》的记载、《曾子问》的记载、《春秋经》的记载，三者如此吻合，自然是史实，能说这是偶然巧合吗？《论语·为政篇》记孔丘自己说：“吾十有五而志于学。”孔丘十七岁正是学习的时候，遇到懂礼的老聃在鲁国，当然就向他问礼了。这一年老聃约三十七岁。

可见老聃就是老阳子。老阳子于鲁昭公十二年以前被甘悼公或甘简公排挤逃往鲁国。鲁昭公七年老阳子正在鲁国，所以孔丘得以向他问礼，从他助葬，而遇日食，这也与《曾子问》等记载孔丘问礼的地点和时间相吻合。

《史记·孔子世家》又记，鲁南宫敬叔与孔子俱“适周问礼，盖见老子云”。这说明孔子确曾到过周王朝。是否又见到老聃，不可考。

三、老聃去官与东周王朝图书的南迁

《史记·老子列传》：“老子者……周守藏室之史也。”《索隐》：“按：藏室史，周藏书室之史也。”《庄子·天道》：“孔子西藏书于周室，子路谋曰：‘由闻周之征藏史（按：征与守同义）有老聃者，免而归居。夫子欲藏书，则试往因焉。’孔子曰：‘善。’往见老聃，而老聃不许。”这是一则寓言，但是说老聃做过东周王朝的征藏史，掌管图书，并非虚构。

老聃为东周王朝的征藏史，之后去官离开周王朝。为什么丢官呢？《史记·老子列传》只言：“居周久之，见周之衰，乃遂去。”似乎是他主动辞职。而《左传》有个记载，可以说与老聃去官有关。《左传》记周景王死，他的儿子王子朝和悼王、敬王争夺王位，掀起内战，最后王子朝失败了。《传》上记：

昭公二十六年……十一月……王子朝及召氏之族、毛伯得、尹氏固、南宫嚚奉周之典籍以奔楚。

王子朝等带着东周王朝的图书，逃往楚国。（当是以图书作为献给楚王的礼物，不是喜爱图书。）图书既已不存，掌管图书的官吏自可撤销，老聃因而去官，这是很自然的事。这一年老聃约五十六岁。王朝图书的南迁，掌管图书的老聃去官，这两件事当是有因果关系的。

四、老聃与《老子》一书

《老子》一书是否为老聃所作，研究者看法不同，皆言之有故，持之成理。但是根据战国时代的记载，可以论定此书当是老聃草创，而经过战国时人的增删和改动，已不是原样了。略论如下：

根据先秦史料，战国时人已经认为《老子》一书是老聃所作，而且流传很广。请看下列六证：

一、《墨子》（《太平御览·兵部》五十三引）引《老子》曰："道冲而用之，有弗盈也。"见《老子》四章。

二、《庄子·天下》论老聃有"建之以常无有，主之以太一"等语，均见于《老子》。又引老聃曰："知其雄，守其雌，为天下溪。知其白，守其辱，为天下谷。"见《老子》二十八章。又《寓言》引《老子》曰："大白若辱。盛德若不足。"见《老子》四十一章。

三、《荀子·天论》："老子有见于诎（屈），无见于信（申）。""屈中求申"之说俱见《老子》书。

四、《吕氏春秋·不二》："老耽贵柔。""贵柔"之说亦见《老子》书。

五、《韩非子·内储说下·六微》引老聃之言："鱼不可脱于渊，（暗引）国之利器不可以示人。"见《老子》三十六章。《六反》引老聃有言曰："知足不辱，知止不殆。"见《老子》四十四章。《难三》引《老子》言："以智治国，国之贼也。"见《老子》六十五章。又有《解老》《喻老》两篇，引《老子》之言很多，均见《老子》书中。

六、《战国策·齐策》引《老子》曰："虽贵必以贱为本，虽高必以下为基，是以侯王称孤、寡、不谷。"见《老子》三十九章。《魏策》引《老子》曰："圣人不积，既以为人己愈有，既以与人己愈多。"见《老子》八十一章。

由这六条证据看来，战国时人认为老聃就是老子，认为《老子》一书是老聃所作；同时也说明此书在当时流传较广，道、墨、法各家均曾读过；有多人引用，足证此书写成较早，当是老聃所撰。但是在流传中，战国时人对此书有增删改动，这是难免的。1973 年湖南长沙马王堆汉墓出土的《老子》帛书本（甲、乙两种写本）与今本对照，即可证明。这里不多谈了。

五、老聃时代的周王朝

老聃是春秋末期东周王朝的小官吏，处于奴隶主阶级的下层，晚年更为没落。但他也是先秦时代杰出的有所创造的独树一帜的思想家，在我国历史上产生了深远的影响。他的思想有进步性，也有落后性。我们今天要对他重新评价。

研究历史上任何一位思想家，必须考察他的生平事迹，必须考察他所处时代的大环境，更必须考察他所处时代的小环境，而后才能了解他创立学说的社会背景，寻得他的思想根源。老聃的生平事迹不可详悉，他所处的春秋末期是一个动荡变乱、战争频繁的时代，正在由奴隶社会向封建社会过渡，无须申论；至于他所处的小环境，是当时的东周王朝，关于这一点，《左传》记载详细可考，可是还没有人论及，所以有必要叙述一下。

孔丘生于鲁襄公二十二年，即公元前五五一年。古书多言老聃比孔丘年长，现在假定老聃比孔丘大二十岁，那么，老聃当生于鲁襄公二年，即公元前五七一年。孔丘死于鲁哀公十六年（公元前四七九年），享年七十三岁。古书多言老聃长寿，现在假定他在孔丘死后又活七年，那么，老聃当死于鲁哀公二十三年（公元前四七二年），享年一百岁。这样假定是差不多的。现在为了清晰地说明老聃所处周王朝的具体政治情况，把《左传》所记这个时期东周王朝主要的社会矛盾与斗争事迹，扼要地依其年次，编述于下，并记上我所假定的老聃的年龄，读者对于老聃所处的小环境就更一目了然了。

公元前五七一年（鲁襄公二年）

老聃生。（假定，下同。）

公元前五五一年（鲁襄公二十二年）

老聃二十一岁。孔丘生。老聃初任周王朝的征藏史当在此年以后，确切年代不可考。

公元前五三五年（鲁昭公七年）

老聃三十七岁。老阳子（似即老聃）因被周王朝贵族所逐，寄居鲁国。时孔丘年十七岁，问礼于老聃。四月一日从老聃助葬，遇日食（见《礼记》）。周王朝“单献公弃亲用羁（客人）。冬十月辛酉，襄（单襄公）顷（单顷公）之族杀献公而立成公”。

公元前五三〇年（鲁昭公十二年）

老聃四十二岁。据《左传》，周王朝原伯绞虐待奴隶，奴隶成批逃亡。这一年奴隶起义，赶走原伯绞，公子跪寻立为原伯。甘悼公过想要除去甘成公、甘景公两大族人，这两大族人杀死甘过，立甘鰌为公。又杀死甘过的羽翼庾过和瑕辛，召回阴忌、老阳子等五人。老阳子回周后仍任王朝征藏史。

公元前五二四年（鲁昭公十八年）

老聃四十八岁。周王朝毛得杀毛伯过，自立为毛伯。

公元前五二〇年（鲁昭公二十二年）

老聃五十二岁。周景王想立王子朝为太子，大夫宾起赞同，单公、刘公反对。景王突然因病而死，单氏、刘氏立王子猛为王（是为悼王），杀宾起。王子朝利用"旧官百工之丧职秩者"起兵争位，王朝从此掀起拉锯式的内战。在一次战争中，单氏杀死八个王子。单氏为了争取百工的支持，"盟百工于平宫"。又一次战争中，单氏俘虏了对方将官鄩肸，用火把他烧死于王城的市里。"百工叛，己巳，伐单氏之宫"，但单氏最终战败。晋国出兵支援单氏、刘氏。王子猛死，单氏、刘氏立王子匄为王，是为敬王。

公元前五一九年（鲁昭公二十三年）

老聃五十三岁。王朝内战仍在进行。晋兵帮助单氏、刘氏取得基本胜利后回国。王子朝投靠贵族尹文公，召伯奂、南宫极派兵支援王子朝。

公元前五一八年（鲁昭公二十四年）

老聃五十四岁。王朝内战仍在进行。贵族甘氏支持王子朝。晋国派人来周了解情况，"而问于介众"（介，甲也。介众，披甲的士兵。此句是说征求战士的意见），从而决定不支持王子朝。

公元前五一七年（鲁昭公二十五年）

老聃五十五岁。王朝内战仍在进行。尹文公领兵攻东訾邑，纵火烧城，但未攻下。

公元前五一六年（鲁昭公二十六年）

老聃五十六岁。王朝内战仍在进行。王子朝的兵攻下刘氏的刘邑，纵火烧城。晋国出兵援助周敬王，召伯盈赶走王子朝。“王子朝及召氏之族、毛伯得、尹氏固、南宫嚚奉周之典籍以奔楚。阴忌奔莒以叛。”召伯盈迎敬王入城，与单氏、刘氏立盟。尹氏固中途逃回王城。晋国留下一部分士兵保卫周王朝，其余回国。王朝内战暂时结束。

公元前五一五年（鲁昭公二十七年）

老聃五十七岁。大概因为王朝图书被运走，老聃失去职位，往秦国去了。确切年代不可考。

公元前五一三年（鲁昭公二十九年）

老聃五十九岁。单氏、刘氏杀召伯盈、尹氏固及原伯鲁之子。王子朝的羽翼“王子赵车入于鄻以叛，阴不佞败之”。

公元前五〇八年（鲁定公二年）

老聃六十四岁。周巩简公弃其子弟而好用远人，巩氏的众子弟杀简公。

公元前五〇五年（鲁定公五年）

老聃六十七岁。敬王派人于楚国杀死王子朝。

公元前五〇四年（鲁定公六年）

老聃六十八岁。夏，王子朝的羽翼儋翩勾结郑国，郑国派兵攻打周王朝的六个邑。晋国派兵帮助周王朝守卫。敬王离开王城，到别处避难。

公元前五〇三年（鲁定公七年）

老聃六十九岁。儋翩联合尹氏起兵背叛周敬王，又与单氏、刘氏打起内战。晋兵护送敬王入王城。

公元前五〇二年（鲁定公八年）

老聃七十岁。二月，单氏、刘氏攻下背叛敬王的四个邑，儋翩等失败，王朝内战到此结束。《史记·老子列传》记："老子……见周之衰，乃遂去，至关（函谷关），关令尹喜曰：'子将隐矣，强为我著书。'于是老子乃著书上下篇，言道德之意，五千余言而去，莫知其所终。"老聃去秦国不知在哪一年，可能在以上两年中，因避周王朝战乱而离开的。

公元前四九二年（鲁哀公三年）

老聃八十岁。周王朝的刘氏与晋国贵族范氏世代是亲家。晋国贵族赵氏与范氏用武力互相兼并，刘氏支持范氏。赵氏得胜后，责问周王朝。刘氏归罪于大夫苌弘，于是杀苌弘。

公元前四七九年（鲁哀公十六年）

老聃九十三岁。孔丘死。

公元前四七二年（鲁哀公二十三年）

老聃一百岁，死于秦国。古说相传老聃长寿，今假定他死于此年。

西周仍是奴隶社会。此时，奴隶主阶级制定了三种统治工具：第一是"礼"，即奴隶社会的分封、等级、世袭等制度，是奴隶主统治奴隶的根本工具；第二是"刑"，"刑"用以维护"礼"，主要是奴隶主贵族用来迫害镇压奴隶的工具，也用来裁制中小奴隶主；第三是"德"，如仁义孝悌等，"德"从属于"礼"，主要是奴隶主用来欺骗麻醉奴隶的工具，也用来教育奴隶主阶级。"礼""刑""德"三种工具相结合，构成当时的统治秩序。春秋时期，由于生产力的发展，奴隶通过怠工、逃亡、暴动、起义等手段，与奴隶主展开了激烈的斗争，冲破了奴隶制。奴隶主为了争权夺利，也不遵守奴隶制。到春秋末期，奴隶制基本崩溃。前文中所列周王朝的史实，正好说明这一点。

以周王朝的阶级矛盾而言，奴隶主对于奴隶进行残酷的剥削和压迫，激起奴隶的反抗，甚至暴动起义。例如原伯绞虐待奴隶，奴隶始而逃亡，继而联合起来把他赶跑。单氏与百工（各种手工业奴隶）立下盟誓，但百工不受誓言蒙骗，反而攻打单氏，这都是代表当时一般情况的典型例子。奴隶在斗争中显示出自己的力量，因而奴隶主必须争取他们的支持。如单氏与百工立下盟誓，已如上述。王子朝起兵争夺王位，也利用丧失职业的百工。晋国派人到周朝来了解情况，也先征求披甲士兵的意见。这也是代表当时一般情况的典型例子。

以周王朝奴隶主阶级的内部矛盾而言，奴隶主贵族为了争权夺利，把奴隶制踩在脚下，任意地互相残杀，甚至挑起内战。例如刘献公、甘悼公、毛伯过、巩简公都是被族人杀死的。王子朝与悼王、敬王两大集团大动干戈，持续十几年之久。在争权夺利中，奴隶主贵族既暴露了他们凶恶横暴、残忍毒辣、豺狼般的阶级本性。（例如单氏一次杀死八个王子，用火烧死对方将官鄩肸，王子朝火烧东訾邑和刘邑。）又暴露了他们阴险狡猾、诈伪反复、狐狸般的阶级本性。（例如召伯盈原来拥护王子朝，而当敬王集团将要取胜的时候，则驱逐王子朝。尹氏固随着王子朝奔楚，而又中途回周。单氏、刘氏与召伯盈等立下盟誓，而又杀死召伯盈等。刘氏信任苌弘，而又借苌弘的头颅来解除晋国权臣赵简子对自己的威胁。）可见，西周王朝的“礼”“刑”“德”，在他们的心目中已荡然无存。尤其是东周王朝的最高统治者，所谓“天子”“天王”，不但不能支配各国诸侯，反而乞怜于晋国霸主，这更是对奴隶制的最大讽刺。

上述周王朝的这些事件，或是老聃亲自闻见的，或是老聃亲身经历的。这些事件，不免冲击老聃的生活，触及老聃的灵魂，给予老聃以深刻的体验，对于老聃世界观的形成，必然产生直接的影响。我们研究老聃的学说，结合老聃的生平事迹及其所处的大环境特别是小环境，来探索老聃思想的根源，可以得到相当圆满的解答。例如老聃坚决地反对人剥削人、人压迫人的阶级制度，主张倒退到没有阶级的原始社会，正是由于他认识到奴隶制的种种罪恶，认识到奴隶制所造成的奴隶主的豺狼般的狐狸般的阶级本性，认识到奴隶制给予劳动人民的深重灾难和劳动人民反抗奴隶制的雄伟力量。因此，他的政治主张一方面具有重视劳动人民利益的进步性，另一方面具有违反社会发展规律的落后性。本文不多谈了。

目录

CONTENTS

卷上

一 章

【原 文】

道可道，非常道①。名可名，非常名②。无，名天地之始③。有，名万物之母④。故常无，欲以观其妙⑤。常有，欲以观其徼⑥。此两者同出而异名⑦，同谓之玄⑧，玄之又玄⑨，众妙之门。

【译 文】

老子说：道之可以讲说的，就不是永远存在的道，如儒家所谓“道”便是，而我所谓的“道”（宇宙本体），是不可以讲说的，是永远存在的“常道”。名之可以根据实物的内容而予以名的，就不是永远存在的名，如儒家所谓“仁义”之名便是，而我所谓“道”这个名，是不可根据实物内容而予以名的，是永远存在的“常名”。道无形体，产生了天地，是天地的原始，所以我用“无”字作为天地原始的名称。天地有形体，产生了万物，是万物的母体，所以我用“有”字作为万物母体的名称。道是永远无形体的“常无”。我要用这个“常无”，来观察天地原始的奥妙，就知道天地的来源了。天地是永远有形体的“常有”，我要用这个“常有”，来观察万物母体的边涯，就知道万物的来源了。常无与常有，两者同出于道，而名称不同，同叫作玄妙，玄妙而又玄妙，就是万物中一切玄妙之理所在的门户。要之，万物的玄妙出于天地，天地的玄妙出于道。

说 明

这一章是老子的宇宙论。老子指出，他所谓的道（宇宙本体），不可以讲说，是永远存在的“常道”。不可以命名，而称它为“道”，则是永远存在的“常名”。道永远无形体，是谓“常无”。道产生了天地，这就解答了天地的来源问题。天地永远有形体，是谓“常有”。天地产生了万物，这就解答了万物的来源问题。在这里首先鲜明地表现了老子思想中的唯心主义成分。

注释

❶下“道”字，讲说也。常，永远存在。

❷下“名”字，命名也，即予以名。

❸无，指道，道无形体。

❹有，指天地，天地有形体。

❺道永远无形体，是“常无”。

❻天地永远有形体，是“常有”。陆德明《释文》：“徼，边也。”《庄子·天下》述老聃的学说，说：“建之以常无有。”“常无有”即本章的“常无”与“常有”。可证此二句不是“常无欲”“常有欲”连读，也可证上二句不是“无名”“有名”连读。

❼同出，同出于道。

❽玄，深妙。

❾之，犹而也。

二 章

【原 文】

天下皆知美之为美，斯恶已。皆知善之为善，斯不善矣[1]。故有无相生，难易相成，长短相形[2]，高下相倾[3]，音声相和[4]，前后相随［恒也］[5]。是以圣人处无为之事[6]，行不言之教。万物作而不辞[7]，生而不有[8]，为而不恃[9]，功成而弗居，夫唯弗居，是以不去。

【译 文】

老子说：天下人都知道美是美，就有丑与美对立；都知道善是善，就有不善与善对立。其他事物也都是矛盾对立的。有和无是对立相生的，难和易是对立相成的，长和短是对立相形容的，高和下是对立相倾轧的，声音的大小、长短、高低、清浊是对立相应和的，前和后是对立相随从的。所以圣人治国，知道有为则有所不为，因而用无为的政策；知道有教则有所不教，因而行不言的教育。万物各有活动，而圣人不去治理（无为）；万物各自生长，而圣人不占为己有（无私）；万物各有所为，而圣人不去掌握（无为）；事功告成，而圣人不以有功自居（无私）。正是他不以有功自居，所以人们归功于他。

说 明

这是老子的朴素的辩证观点。老子初步认识到宇宙事物矛盾对立的客观规律，举出美与恶、善与不善、有与无、难与易、长与短、高与下、音与声、前与后八个例子。他把这个规律运用到政治上，则有为与无为、有教与无教、有私与无私既是矛盾对立的，又是统一的。得出结论是无为则无不为，无教则无不教，无私则成其私。这就走入唯心论的泥坑了。

注释

❶斯，犹有也。这两句是说：天下人都知道美转化为恶了，都知道善转化为不善了，乃说明美与恶相生，善与不善相生。

❷形，王弼本作“较”，河上公本作“形”，帛书甲乙本均作“刑”。形、刑古通用。按：“较”字误，“形”与“生”“成”“倾”押韵，可证。今据河上公本改。

❸倾，帛书甲乙本作“盈”，二字古通用。物高下对立，此高才显出彼卑，彼卑才显出此高，乃是高下相倾轧。

❹声音的大与小、长与短、强与弱、清与浊都是彼此对立相应和，无此则无彼，无彼则无此。

❺事物前后对立，前是随着后，后是随着前。按：此句之下，帛书甲乙本有“恒也”二字。是总括上文的话，是说美与恶、善与不善、有与无、难与易、长与短、音与声、前与后等矛盾对立，都是永恒的，即为事物变化的规律。

❻圣人，指统治者。处，执行。事，政事。

❼万物，主要指万民。“作”字下，王弼本有“焉”字，傅奕本无，帛书甲乙本均无，今据删。作，起也，动也。辞，帛书甲乙本作“治”。按：“辞”借为“治”。治，理也。不治，听其自然。

❽有，占有。

❾为，作为。恃，帛书甲乙本作“侍”。按：恃、侍均借为“持”。《说文》：“持，握也。”

三 章

【原 文】

不尚贤，使民不争[①]。不贵难得之货，使民不为盗[②]。不见可欲，使民心不乱[③]。是以圣人之治，虚其心，实其腹，弱其志，强其骨[④]；常使民无知无欲；使夫智者不敢为也[⑤]，为无为，则无不治[⑥]。

【译 文】

老子认为：国君尊重有才智的贤人，人民就会追求知识，利用才智去争权夺利。所以不尊重贤人，使人民不争夺。又认为，国君重视难得的财物，则加重剥削人民，人民没法生活，只好偷窃。所以不重难得的财物，使人民不偷窃。又认为，国君宣扬争夺可欲的物品，必将使人民的欲望提高，以致犯上作乱，所以不宣扬可欲的物品，使民心不乱。老子接着说，所以圣人的治国，要使人民的心里空虚（无知、无欲），肚里充实（吃饱饭），意志薄弱（不敢干“争”“盗”“乱”等事），筋骨坚强；经常使他们没有知识，没有欲望；使一些有才智的人也不敢干错事。如果执行这种无为的政治，就没有不治的了。

说 明

这一章是老子的政治论。他对统治者提出几个政治要点：不采用尚贤政策；不过荒淫的生活；使人民肚子饱，身子壮，胆子小；使人民无知，无欲。总之，反对人剥削人的社会制度，反对儒墨尚贤而治的学说，要人民回到原始社会的自然状态，其实质是复古倒退。

注释

❶尚，尊重。贤，有才智的人。

❷此二句，帛书甲乙本、傅奕本俱同今本。景龙碑、龙兴观碑并无“为”字，当依今本。难得之货，指珠玉宝器等。盗，偷窃，是动词。

❸见，表现，宣扬。可欲，指美色、美声、美味、美室等。“民”下，王弼本、傅奕本俱有“心”字，帛书甲乙本均无。亦可通。

❹四“其”字，均指民。

❺智者，人民中有知识的人。不敢为，不敢干“争”“盗”“乱”等事。

❻“则”上，王弼本、傅奕本均有“为无为”三字，龙兴观碑无，帛书甲本缺，乙本也无。按：此三字，与下文连接较好，故仍存。

四 章

【原 文】

道冲，而用之或不盈①，渊兮似万物之宗②。［挫其锐，解其纷，和其光，同其尘。］③湛兮似或存④。吾不知谁之子，象帝之先⑤。

【译 文】

老子说：道（宇宙本体）是虚无而没有形体的，但宇宙万类都在用它，而它或者不会穷尽。它是深奥而不易理解的，似乎是万物的始祖。它是虚无的，但又似乎是有它存在的。我不知道它是谁的儿子，好像是上帝的祖先，是它产生了上帝。

说 明

这一章是老子的宇宙论。他指出道（宇宙本体）的三个特点：一是没有形体，而确实存在；二是它生养宇宙万类，而万类用之不尽；三是它是万物的祖先，又是上帝的祖先。这些也是唯心主义的表现。

注 释

❶冲，傅奕本、《说文》引均作“盅”。《说文》：“盅，器虚也。”引申为虚。

❷《小尔雅·广诂》：“渊，深也。”宗，祖也。

❸此四句又见五十六章。按：在此处，文章不合，当删去。

❹《说文》：“湛，没也。”没入水中为湛，引申为没有之意。

❺象，即好像，似乎之意。王弼注：“帝，天帝也。”先，祖先。老子没有否认上帝，但认为，上帝是宇宙本体所产生的物，不是宇宙的创造者。

五 章

【原 文】

天地不仁①，以万物为刍狗②，圣人不仁，以百姓为刍狗③。天地之间，其犹橐籥乎④，虚而不屈⑤，动而愈出。多言数穷⑥，不如守中⑦。

【译 文】

老子说：天地不要儒家所谓“仁”，故把万物看作草狗。（天地对于万物没有私爱，同等地听任万物由于季节环境等条件的变化而生长、死亡。）道家的圣人也不要儒家所谓的“仁”，故把百姓看作草狗。（道家的圣人对于百姓没有私爱，任凭百姓由于年龄体质、生活顺逆等条件的变化而生长、死亡。）天地之间，就像一个风箱，是虚空的，然而没有穷尽。一动，风云雷电雨雪就出来了；越动，出来得就越多。人多说话，就多碰壁，不如效法天地，保持内心的谦虚（谦虚才能有功）。

说 明

本章分两段。第一段是老子的政治论，指出天地对于万物，圣人对于百姓，都没有私爱。第二段是老子的人生论，指出人不要多言，要谦虚。但也含有政治意味。二章“圣人……行不言之教”及本章“多言数穷”，都是说言教多了则行不通。

注 释

❶仁，指儒家所谓的仁，指有心的私爱。老子谓天地无心，无私爱，故言“天地不仁”。老子强调无私的慈爱，与此有心的仁爱，大不相同，必须区别。

❷刍狗，刍，草也；用草扎成的狗，叫作刍狗。古人用来祭神，扎成后用匣子装着，用花布盖上。祭祀时，由祭者恭敬地把它摆在神前，祭完就扔掉，人们要用脚踩它，把它烧掉。老子用这个比喻，意在说明人对于刍狗没有爱憎，刍狗是由于客观条件的变化而受到尊重或遭到抛弃的。

❸道家的圣人效法天地，故言“圣人不仁”。按：上四句为一段，与下文不相连属。

❹橐籥，风箱。橐，袋也。籥，读为“钥”，楗也。风箱形似方袋，置楗，拉动则出风，所以古名“橐钥”，又名“排橐”。

❺屈，尽也。

❻数，屡次。穷，碰壁，行不通。

❼中，读为“冲”，虚也，乃借为“盅”。守盅，谦虚自守。又按：以上六句为一段。

六 章

【原 文】

谷神不死①，是谓玄牝②。玄牝之门，是谓天地根。绵绵若存③，用之不勤④。

【译 文】

老子说：道（宇宙本体）这个生养天地万物的神物，是永恒存在而不死的，就叫作形而上的、微妙难知的母体。这个形而上的、微妙难知的母体的门户，就叫作天地的根源。它渺渺茫茫，好像是存在的，宇宙万物都在用它。但是，它是永不穷尽的。

说明

这一章也是老子的宇宙论。他称道为“谷神”和“玄牝”，说明道生养天地万物，又指出道没有形体，永远存在。

注释

❶河上公注：“谷，养也。”道能生养天地与万物，而没有形体，神妙难识，所以老子称道为谷神。此“神”字不是有人格的天神。

❷玄，古语称形而上为玄，又谓微妙难知为玄。牝，母体。

❸绵绵，犹冥冥，不可见的形容词。

❹勤，汉帛书甲乙两本均作“堇”，实即当时“勤”的简写。《淮南子·原道训》高诱注：“勤，尽也。”

七 章

【原 文】

天长地久，天地所以能长且久者，以其不自生，故能长生［久］①。是以圣人后其身而身先，外其身而身存。以其无私②，故能成其私。

【译 文】

老子说：天地是永久存在的。天地所以永久存在，是因为它生养万物而不自私以养自己，所以能够长久。因此，圣人遇到利益，把自身摆在后面，结果自身却能占先；遇到危难，把自身置之度外，结果自身却能安存。因为他无私，所以能成其私。

说 明

这一章是老子运用朴素的辩证观点，来观察自然界的天地与社会中的圣人。事物总是向它的矛盾对立面发展，这是辩证法的一个规律。老子指出，天地以其不自生，故能长生，圣人以其无私，故能成其私。足见他对于这个规律已经有了初步的认识。

注 释

❶生，王弼本、傅奕本、帛书甲乙本均作“生”。严可均曰：“非也。”按：敦煌本与龙兴观碑皆作“久”，与首句应，是也。

❷以其无私，王弼本原作“非以其无私邪”，《释文》引河上公本、景龙碑、龙兴观碑均无“非”“邪”二字，今据删。

八 章

【原 文】

上善若水。水善利万物而不争，处众人之所恶[1]，故几于道。居善地，心善渊，与善仁［人］[2]，言善信，正善治[3]，事善能，动善时。夫唯不争，故无尤[4]。

【译 文】

老子说：上等善人像水一样。水善于利万物而不争，处在众人所憎恶的卑洼的地方，所以近似大道。上等善人善于选择地方居住（甘处卑下），心胸应该像深不可测的渊，施予常与善人。（另解：施予人应该像大公无私的天。）说话善于有信，政令善于治国，干事善于利用才能，动作善于抓住时机。正因为他不争，所以没有过失。

说明

这一章是老子的人生论。综合起来，老子举出上等善人的九个优点：（一）能利万物；（二）大公无私；（三）甘处卑下；（四）不与人争；（五）心胸深远；（六）言而有信；（七）应时而动；（八）执政则善于治国；（九）有办事才能。

注释

❶众人之所恶，指卑洼的地方。

❷与，施予。王弼本“与善仁”，帛书乙本作“与善人”，甲本作“予善信”。按：老子反对儒家所谓“仁”，王本误。

❸正，政也。

❹尤，过失。

九 章

【原 文】

持而盈之[1]，不如其已[2]。揣而梲之[3]，不可长保。金玉满堂，莫之能守。富贵而骄，自遗其咎[4]。功遂身退天之道[5]。

【译 文】

老子说：积蓄财物，使它盈满，不如罢休。锤炼金属，使它尖锐，不可长保（必受挫折）。金玉满堂，都不能守住。富贵而骄傲，是自己招灾。功业已成，自身退下，是自然的规律。

说明

这一章是老子的人生论。老子生在春秋末期，这个时期，奴隶主虽然没落，但仍在挣扎；他们要追求富贵，也要保持富贵。贵族之间争权夺利，结伙相攻，最后都走向灭亡。东周王朝，王子朝与刘氏、单氏等相争多年，死伤无数，这是老子亲眼看到的。老子在这里对奴隶主提出警告："你们不要追求富贵，取得富贵也必定失掉。你们有了自家的功业，就退出政治舞台吧。"

注释

❶持，储蓄积累的意思。

❷已，止也。

❸揣，亨按："揣"疑借为"段"。《说文》："段，捶击也。"冶金时用锤打物叫作"段"，乃古"锻"字。梲，河上公本作"锐"。"梲"借为"锐"，锋利。

❹遗，致也。咎，灾祸。

❺遂，《礼记·月令》郑玄注："遂，成也。"此句指在完成任务后退去。

十　章

【原 文】

载营魄抱一，能无离乎①？专气致柔，能婴儿乎②？涤除玄览，能无疵乎③？爱民治国，能无为乎④？天门开阖，能为雌乎⑤？明白四达，能无知乎⑥？生之畜之⑦，生而不有，为而不恃⑧，长而不宰，是谓玄德。

【译 文】

老子说：有道之士应该自问，关于坚守灵魂、抱持大道这两件事，我能不离开吗？集中精气、行为柔弱，在这两点上我能和婴儿一样吗？洗刷内心的玄妙的镜子，能够使它没有一点尘垢吗？爱人民、治国家，能够无所作为吗？目耳口鼻这几个自然门户，一开一闭在动作着，或养生，或处事，能够雌弱退让不争吗？本来是明白四达、所知很多，能够虚心地自以为无知吗？具有以上几点品格的道家圣人，能够生万物，养万物。万物产生，而圣人不据为已有；万物活动，而圣人不去掌握；万物生长，而圣人不做主宰。这叫作玄妙的德行。

说明

这一章是老子的人生论和政治论。老子所讲的人生，多是侯王的人生，所以多涉及政治。老子在这章提出，有道的侯王应具有六种品格：（一）保持自己的灵魂与大道；（二）保持婴儿的精纯与柔弱；（三）清除内心中自私多欲的尘垢；（四）执行无为的政策；（五）养生处事要退让而不争；（六）多知而自以为无知。

注释

❶河上公注："营魄，魂魄也。"按：营与魂是一声之转。魏源《老子本义》："营，读为魂。"一，指道。

❷专，集中而不分散。气，精气。

❸涤除，洗刷。玄览，帛书甲本"览"作"蓝"，乙本作"监"。览、蓝均当读为"监"。"监"是古"鉴"字，镜也。老子称人的内心为玄监，因为心是玄妙的、形而上的镜子。疵，病也，指私欲。私欲是心中的病。

❹为，王弼本作"知"，景龙碑、龙兴观碑、古楼观碑均作"为"，文意较切，今据改。

❺天门，目耳口鼻。这是人身上天赋的自然门户，所以老子称作天门。开阖，指视、听、言、食、嗅的动作。这些动作，有的是属于生活的享受，有的属于事物的处理。雌，象征柔弱退让的人。

❻知，王弼本作"为"，景龙碑、龙兴观碑、古楼观碑均作"知"，文意较切，今据改。明白四达，所知很多，而自以为无知。如七十一章："知不知，上。"(知而自以为不知，是上等。)

❼畜，养也。此文当是说圣人生养万物，但原文未举出。又此下四句见五十一章。此处似后人摘录五十一章经文作为注语，弄得文意不完备。

❽为，作为。恃，读为"持"，掌握。

十一章

【原 文】

三十辐共一毂①，当其无有车之用②。埏埴以为器③，当其无有器之用④。凿户牖以为室，当其无有室之用⑤。故有之以为利，无之以为用。

【译 文】

老子说：三十根辐条凑集为一个毂，还需要很多零件才凑集成车，可是，在车厢的空处与实体才有车的功用。人用泥土制成陶器，在器的空处与实体才有器的功用。人凿窑洞、开门窗，制成房屋，在房屋的空处与实体才有屋的功用。所以器物有实体，就成为它的条件，器物的空处，才成为它的功用。

说 明

这一章是老子朴素的辩证观点。老子认为器物的实体和空处是矛盾对立、相反相成的。两方面备具，才会成为有用的器物。举出车、器、室三个例子。一般人的观念，总以为器物的功用在于它的实体，忽视了器物的空处，这便流于片面。老子于本章既提出了有，又强调了无，这就比较全面了。

注 释

❶辐，车的辐条。毂，车轮中心车轴穿过的圆木。共，凑集也。

❷当，犹在也。无，指车的空处。有，指车的实体。

❸埏，揉也。埴，土也，黏土曰埴。

❹无，指器的空处。有，指器的实体。

❺无，指室的空处。有，指室的实体。

十二章

【原 文】

五色令人目盲。五音令人耳聋。五味令人口爽①。驰骋畋猎令人心发狂②。难得之货令人行妨③，是以圣人为腹不为目④。故去彼取此。

【译 文】

老子说：五色使人眼瞎。五音使人耳聋。五味使人口伤。跑马打猎使人神志疯狂。难得的宝物使人品行变坏。因此，圣人要求吃饱肚子，用外物来保养自己；不谋求快活眼睛，叫外物役使自己。（这是用目代表耳、口、心、行等。）所以抛掉那些有害于身心品德的东西，取得有利于身心品德的东西。

说 明

这一章是老子的人生论。春秋时代，奴隶主贵族沉迷于美色、美音、美味、游猎等享乐纵欲、奢侈荒淫的生活中，对于事物有目不看，或一看就错；有耳不听，或一听就错；有口不谈，或一谈就错，以至于心神昏乱，品行恶劣，混淆黑白，颠倒是非，乱政害民。老子正是针对这种情况做出论断，认为他们“目盲”“耳聋”“口爽”“心狂”“行妨”。从而指出，圣人不应过那种骄奢淫逸的生活，而应过俭朴平易的生活。这和老子无欲、贵俭的主张是统一的。

注 释

❶爽，《广雅·释诂》：“爽，伤也。”

❷驰骋，马跑。畋，帛书甲乙本均作“田”。畋即田猎之田。狂，疯也。

❸难得之货，指金银珠玉一类珍贵之物。妨，伤害，破坏。

❹为，治理也。引申为经营，谋求。腹，代指天性。目，代指物欲。

十三章

【原 文】

宠辱若惊①，贵大患若身②。何谓宠辱若惊？宠为［上，辱为］下③，得之若惊，失之若惊，是谓宠辱若惊。何谓贵大患若身？吾所以有大患者，为吾有身④。及吾无身⑤，吾有何患？故贵以身为天下⑥，若可寄天下；爱以身为天下，若可托天下。

【译 文】

老子说：宠和辱，都是人的惊恐。留下大的灾患，总是人的自身。怎样叫作宠和辱都是人的惊恐呢？宠是上等，辱是下等。人们得宠（怕失去）得辱，总是惊恐，失宠（怕再来）失辱，总是惊恐。这就叫作宠和辱都是人的惊恐。怎样叫作留下大的灾患，总是人的自身呢？我之所以留下大的灾患，是因为我只顾自身，如果我不顾自身，我会有什么灾患？因此，人能重视用尽自身的力量以天下人为己任，才可以把天下交付他；喜欢用尽自身的力量以天下人为己任，才可以把天下委托他。

说 明

这一章是老子的人生论和政治论。主要论点是人不能只顾个人利益。他指出：人如果只顾个人利益，则得宠得辱、失宠失辱都要惊心动魄，而且给自己招来大的灾患；只有大公无私，用尽自身的力量以为天下人，才可以做天下的君长。这是对当时贪暴的掌权者的严正批判。

注释

❶宠辱，指贵族的宠爱和侮辱。

❷贵大患，此“贵”字当读为“遗”，留也。

❸“宠为上，辱为下”，王弼本原作“宠为下”，今据唐景福碑增补。

❹有身，只知有自己，只顾个人利益。

❺及，如果，假设之意。无身，与“有身”相反。

❻以身为天下，用尽自身的力量以天下人为己任。

十四章

【原 文】

视之不见名曰夷①，听之不闻名曰希②，搏之不得名曰微③。此三者不可致诘④，故混而为一⑤。［一者⑥］其上不皦⑦，其下不昧⑧，绳绳不可名⑨，复归于无物。是谓无状之状，无物之象，是谓惚恍⑩。迎之不见其首，随之不见其后。执古之道，以御今之有⑪，以知古始⑫。是谓道纪⑬。

【译 文】

老子说：一种东西，眼看不见叫作“夷”，耳听不到叫作“希”，手摸不着叫作“微”。这三种情况，不可追问推究，本来是混而为一的。这个一就是道（宇宙本体）。在有道以前什么样，没有人能明白；有道以后，就有了天地，逐渐明白，而不暗昧了。道永远运动不息，不可给它一个名称，仍然归结为没有物体。这叫作没有形状的形状，没有物体的形象。这叫作惚惚恍恍。人们按照它的运行规律，迎接在前，却看不见它的头面；追随在后，却看不见它的脊背。但只要掌握住这个自古相传的道，运用它的规律，就可以指挥现在所有的一切事物，从而知道古代原始情况，这就叫作道的纲要。

说 明

这一章也是老子的宇宙论。他指出，道（宇宙本体）是无形、无声、无体的一个整体，有道以前的情况，不甚清明；有道以后的情况，渐渐明而不昧了。道之为物，恍恍惚惚，似无而实有。它有运动规律，人能掌握它的规律，就可以指挥万物，从而可以了解古史，是谓道的纲要。

注释

❶夷，《释文》引钟会注："夷，灭也。"夷是无形的形容词。

❷希，《释文》："希，静也。"希是无声的形容词。

❸搏，汉帛书甲乙两本均作"播"。《说文》："播，抚也，一曰摹也。"按：搏也，抚摸之意。微，《小尔雅·广诂》："微，无也。"微是无体的形容词。

❹致，推也。诘，问也。

❺故，当读为"固"，本来。混，合也。

❻"一者"二字，王弼本无，傅奕本、汉帛书甲乙两本均有，今据增。一，指道。

❼其，代表一，即代表道。其上，即在有道以前；不皦，混茫不清。

❽其下，指道生天地以后。昧，暗也。

❾绳绳，汉帛书甲本作"䋲䋲"，乙本作"寻寻"。绳、䋲、寻古字通用。王弼注："绳绳，行动无穷极也。"即运动不息的形容词。《释文》引梁简文帝注："绳绳，无涯际之貌。"即广大无边的形容词。今从王说。

❿惚恍，似有似无也。

⓫御，即使用、利用之意。

⓬以，王弼本作"能"，河上公本、汉帛书甲乙两本均作"以"，今据改。以，因也。

⓭纪，纲也。

十五章

【原文】

古之善为士者①，微妙玄通，深不可识。夫唯不可识，故强为之容②：豫兮若冬涉川③。犹兮若畏四邻④。俨兮其若客⑤。涣兮若冰之释⑥。敦兮其若朴⑦。旷兮其若谷⑧。混兮其若浊⑨。孰能浊以［澄］静之徐清？孰能安以久动之徐生⑩？保此道者不欲盈。夫唯不盈，故能蔽不新成⑪。

【译文】

老子说：古代深通道家学术的人，是精微玄妙、深远不可认识的。正因为他不可认识，所以勉强表达他的形象：他行动犹豫顾虑啊，像在冬天解衣渡河。他疑虑畏惧啊，像怕凶恶的邻人。他对人庄严恭敬啊，像个客人。他顺应潮流啊，像河冰的融化。他很纯朴啊，像未经加工的木材。他内心谦虚啊，像个空谷（胸无成见）。他含蓄浑厚啊，像一池浊水（不苛察于物）。这池浊水，静一静就慢慢地清了（浊转变为清）。这个空谷，动一动就慢慢地生出东西（虚转变为实）。保持这种处世之道的人，不肯自满。正因为他不自满，所以能够在失败之后，又能得到新的成功（失败转为胜利）。

说明

这一章是老子的人生论。老子提出七个论点：小心谨慎；心怀畏惧；对人恭敬；顺流而行；保持天真；内心谦虚；不苛察于物。并指出不苛察才能明察，谦虚才能充实，不自满才能转败为胜。老子是东周王朝的一个小官吏，备受奴隶主贵族的压迫，曾被驱逐离国，晚年又失去官位。他抱着这样的人生哲学，是客观环境造成的，不足为怪。

注释

❶士，此指深通道家之学的知识分子。

❷容，状态，形象。

❸“豫”与下文之“犹”，二兽名，性多疑惧，以喻人面对事，迟疑不决，顾虑犹豫。兮，王弼本作“焉”，据河上公本、傅奕本改。若冬涉川，《文子·上仁》引作“若冬涉大川”。奚侗说：“涉川不必因冬而慎，疑《老子》原文必作‘若涉大川’。”按：此二说均非也，仍应从王弼本作“若冬涉川”。

❹四邻，亨按：四邻未必可畏。“四”当作“亚”，形似而误。“亚”读为“恶”。恶邻，凶恶的邻人。

❺客，王弼本误作“容”，据河上公本、傅奕本、帛书甲乙本改。《尔雅·释诂》：“俨，敬也。”

❻《说文》：“涣，流散也。释，解也。”河冰融化分块，则顺水下流。此比喻人顺应潮流而不固执。

❼敦，纯厚天真。朴，《说文》：“朴，木素也。”即木的本来形态，未加削砍雕琢。

❽旷，空也。

❾浊，水浊。混，河上本作“浑”，按：二字可通。

❿此二句，应据傅奕本“静”字上加“澄”字。上句紧承上文“混兮其若浊”，是说水浊而转化为清。下句也承上文“旷兮其若谷”，是说虚谷转化为有物。

⓫蔽不新成，傅奕本作“蔽而不成”，帛书乙本作“褩而不成”（甲本缺，“褩”与“敝”通），足证“新”字是后人所加。亨按：此四字当作“敝而又成”，“又”以形近误为“不”。敝，破也。此句是说破败转化为成功。

十六章

【原 文】

致虚极①。守静笃②。万物并作，吾以观复③。夫物芸芸④，各归其根⑤。归根曰静⑥。是谓复命⑦。复命曰常⑧。知常曰明。不知常，妄作，凶。知常容⑨，容乃公，公乃王，王乃天，天乃道，道乃久⑩，没身不殆。

【译 文】

老子说：道家的学者要做到虚心无欲，达于极点。保持清静无为，做到坚定不移。万民都在活动，我要看他们有往有复（无往不复）。万民纷纭众多，各应回到他们的根本（原有的德性）。回到根本，则无欲无知，不争不乱，这叫作平静。平静是人们恢复自然赋予人类的德性，这叫恢复天赋。恢复天赋，可以致太平，这叫作社会永恒法则。懂得社会永恒法则，叫作明。不懂得社会永恒法则而妄为，则是凶。懂得社会永恒法则，就要用它。用它才能做公侯，才能做帝王，才能合于自然，才能合于道，才能长久，直到老死没有危险。

说 明

这一章是老子的政治论。老子主张，统治者要无欲无为，使人民回到无欲无知、不争不乱的原始状态，这是社会的永恒法则。统治者如果能认识并掌握它，就可以终身没有灾难。

注 释

❶虚，此指无欲无求。

❷静，无为。笃，坚定。

❸复，返也，去而复回为返。

❹物，主要是指人。芸芸，众多。

❺“各”下，王弼本有“复”字，傅奕本无，今据删。根，根本，指人类原有的德性。

❻静，平静，不争，不乱。

❼命，天所赋予的本性，即自然所赋予的天命。《礼记·中庸》：“天命之谓性。”

❽常，永恒法则。

❾容，读为“庸”。《说文》：“庸，用也。”

❿此五句疑当作“容乃公，乃王，乃天，乃道，乃久”，重字均后人所加。

十七章

【原 文】

太上，下知有之[1]。其次亲而誉之[2]。其次畏之。其次侮之。信不足焉，有不信焉[3]，悠兮其贵言[4]。功成事遂[5]，百姓皆谓“我自然”[6]。

【译 文】

老子说：最好的国君，百姓只知道有他存在（因他无为，人民对他没有爱憎）。次一等的国君，因他有所作为，有的百姓亲近他而且称赞他（同时，也必有百姓反对他）。再次一等的国君，百姓惧怕他。最次一等的国君，百姓侮辱他（咒骂反抗）。因为他的信用不够，所以百姓都不信任他。治国用不着这些，静默吧，岂在于重视言语的说教呢？所以最上等的国君，实行无为的政治，功业达成，百姓都说“这是我们自己做到这样的”。而觉得国君对他们没有什么作用，只知道有国君存在而已。

说 明

这一章也是老子的政治论。他把国君分为四等，特别指出：最下等的是失信于百姓，而百姓不从；最上等的是有功于百姓，而百姓不知。似乎是“帝力于我何有哉”！本章意在说明“圣人处无为之事，行不言之教”（二章）。

注 释

❶上，君也。下，民也，百姓。

❷此句，傅奕本作“其次亲之，其次誉之”。帛书甲乙本作“其次亲誉之”。按：王弼本与帛书意合，今从之。傅本可供参考。

❸此二句，河上公本作“信不足焉有不信”。帛书甲本作“信不足案有不信”。乙本“案”作“安”。王念孙说：“无下‘焉’字是也。‘信不足’为句，‘焉有不信’为句。焉，于是也。言信不足，于是有不信也。”王说与帛书相合，是对的。焉、案、安古通用。

❹马叙伦说：“悠本字疑当作𠵾。”“𠵾”与“寂”同，“𠵾”是口不发言，所以从“口”。“寂”是屋内无声，所以从“宀”。此“悠”字借为“𠵾”。其，犹岂也。

❺《礼记·月令》：“百事乃遂。”郑玄注：“遂，犹成也。”

❻我，百姓自称。自然，自己做到。

十八章

【原 文】

大道废[1]，有仁义[2]。慧智出，有大伪[3]。六亲不和，有孝慈[4]。国家昏乱，有忠臣[5]。

【译 文】

老子说：人类社会的大道被废弃了，才有人提倡仁义德行。智慧产生了，才有人做出伪诈之事。六亲不和，才有人要求子孝父慈。国家昏乱，才有人奖励忠臣。

说 明

这一章是老子的政治论。老子以为，“仁义”“孝慈”“忠臣”，都产生于社会昏乱之后，而原始社会大道盛行，美满无缺。这是老子复古倒退思想的表现。

注 释

❶大道，指原始社会的生活状态。废，废弃。

❷仁义，指儒家所提倡的“仁”“义”等品德。这是老子反对的。

❸伪，做伪诈之事。

❹王弼注：“六亲，父子、兄弟、夫妇也。”《吕氏春秋·论人》：“何谓六戚？父、母、兄、弟、妻、子。”两说均可。

❺昏，黑暗。

十九章

【原 文】

绝圣弃智，民利百倍①。绝仁弃义，民复孝慈。绝巧弃利，盗贼无有。此三者以为文不足②。故令有所属③。见素抱朴④，少私寡欲⑤，绝学无忧⑥。

【译 文】

老子说：消除聪明，抛弃智慧，则人民得到百倍利益。消除仁，抛弃义，则人民返回本有的父慈子孝的品德。消除技巧，抛弃私利，则盗贼就没有了。用圣智、仁义、巧利这三样东西，作为文治法度，是不足以治国的。因而在政治上要使人们有所属意，那就是使人们推重纯素，保持质朴，减少私心，减少欲望，弃绝学习，能做到以上五点，就没有忧患了。

说 明

这一章是老子的政治论，紧接十八章而言。老子指出，人类社会不要“圣智”“仁义”“巧利”，国家就大治了。这三种东西不足以治国，最好的办法是，使人们着意于“朴素”，少有“私欲”，不求知识，这样就没有忧患了。这也是老子复古倒退思想的表现。

注 释

❶《老子》中常称道德最高的人为“圣人”，此为道家的圣人。而此处言“绝圣”，并不是自相矛盾。《说文》：“圣，通也。”此处“圣”字，即明通之意。

❷此句是说，用“圣智”“仁义”“巧利”三者作为文治法度，是不够的。

文，指文治法度。《论语·子罕》："文不在兹乎。"朱熹注："文，盖礼乐制度之谓。"

❸令，命令人民。属，属意，着意。

❹见，推重。抱，持守。丝不染色为素，木不加工为朴，比喻人的自然德性。

❺私，刘师培曰："私，当为思。谢灵运《邻里相送方山诗》，李注引作'少思寡欲'。"按：二字均可。

❻绝学无忧，此句诸本均列为二十章的首句，乃后人分章划句的错误。帛书甲乙本均不分章。今移于此。绝学，与寡欲同类。无忧则总括以上五事。

二十章

【原 文】

唯之与阿，相去几何[①]？善之与恶，相去何若[②]？人之所畏，不可不畏。众人熙熙[③]，如享太牢[④]，如登春台[⑤]。我独泊兮其未兆[⑥]，荒兮其未央[⑦]，澹兮其若海[⑧]，飂兮若无止[⑨]，沌沌兮如婴儿之未孩[⑩]，儽儽兮若无所归[⑪]。众人昭昭[⑫]，我独昏昏[⑬]。众人察察[⑭]，我独闷闷[⑮]。众人皆有余，而我独若遗[⑯]。众人皆有以[⑰]，而我独顽似〔以〕鄙[⑱]。我独异于人，而贵食母[⑲]，我愚人之心也哉。

【译 文】

老子说：唯与阿本皆答应声，起初只有恭慢之分，相差不多，其发展则有善恶之别，相差成什么样子？太远了。人们所怕的罪恶，我也不能不怕。（以上是说我与人相同之处。）众人都欢欢乐乐，像吃太牢的宴席，像登临春天的亭台。而我独漂泊啊，没有预料到；奔走啊，没有终了；生活波动啊，像在大海一般；身世飘荡啊，像被大风吹个不停。纯朴啊，像不会笑的婴儿；疲劳啊，像无所归宿。众人都智慧，我独愚昧。众人都清明，我独混浊。众人都才能有余，我独才能贫乏。众人都有用处，我独笨拙而又鄙陋，没有用处。我独与人不同，而重视靠母亲（道）吃饭，即吸取道的营养。（以上是说我与人不同之处。）我是愚人的思想吧！

说 明

这一章是老子运用朴素的辩证观点，来分析众人与自己的异同。他首先指出，唯与阿其始相差甚微，其后形成善与恶的不同，差别就大了。“人之所畏，不可不畏”，这是说自己与众人相同之处。然后重点阐述自己与众人不同之处。

这是结合老子自己的生活感慨而言的。老聃原是东周王朝图书馆的小职员，因王朝大乱，丢失官位，先漂泊到楚国，后奔赴秦国。他的生活正如他所描写的——漂泊孤独。接着他又描写，众人都智慧、精明、多才能、有用处；而自己独愚昧、混浊、粗鄙、无所作为。最后从正面表示，自己与别人最大的不同，在于独自靠着大道吃饭，不用别的技巧。他感慨地说："这就是我的愚人思想吧。"

注释

❶《说文》："唯，诺也。"是服从听命的语声。阿，帛书甲本作"诃"，乙本作"呵"。诃、呵一字，"阿"借为"诃"。《说文》："诃，大言而怒也。"应是愤怒的应声。薛蕙《老子集解》："唯阿皆应声。几何，不多也。言此二者，仅有迟速之分，然一则为恭，一则为慢，其善恶之相去则远矣。"

❷善，傅奕本、帛书甲乙本均作"美"，二字义均通。何若，王弼本作"若何"，傅奕本、帛书甲乙本均作"何若"，今据改。此文"阿""何"押韵，"恶""若"押韵。

❸熙熙，喜乐也。朱谦之说："熙熙读为嘻嘻，笑声。"

❹享，《释文》引河上公本作"飨"，帛书甲乙本作"乡"。"乡"，古"飨"字，食也，吃也。太牢，食品中牛羊猪三牲之肉备具，叫作太牢。

❺王弼本作"如春登台"，河上公本作"如登春台"，今据改。春台，指春和景明的亭台。

❻泊，漂泊。兆，预见。

❼荒，借为"駹"。《说文》："駹，马奔也。"《广雅·释诂》："央，尽也。"王弼本"央"下有"哉"字，今据傅奕本删。

❽《说文》："澹，水摇也。"

❾《说文》："飂，高风也。"按：是大风吹的状态。"若"下当有"风"字。

❿"沌沌"读为"惇惇"，朴厚也。孩，傅奕本、帛书乙本均作"咳"。《说文》："咳，小儿笑也。"

⓫儽，同"儽"。《广雅·释训》："儽儽，疲也。"即劳累之累。

⓬昭昭，明也，智慧也。

⑬昏昏，暗也，愚昧也。

⑭察察，清也。《尔雅·释言》：“察，清也。”

⑮闷闷，傅奕本作“闵闵”。“闷”“闵”均借为“潣”。潣潣，浊也。

⑯奚侗说：“遗，借作匮，不足之意。”

⑰王弼注：“以，用也。”

⑱《广雅·释诂》：“顽，钝也。”即笨拙。似，龙兴观碑、帛书甲乙本均作“以”。按：“似”当读为“以”，“以”犹“而”也。鄙，鄙陋。

⑲母，指道。二十五章：“有物混成……可以为天地母，吾不知其名，字之曰道。”是其例。食母即吃母亲的饭，吸取大道以自养。

二十一章

【原 文】

孔德之容[1]，惟道是从。道之为物，惟恍惟惚[2]。惚兮恍兮，其中有象。恍兮惚兮，其中有物。窈兮冥兮[3]，其中有精[4]。其精甚真，其中有信[5]。自今及古[6]，其名不去，以阅众甫[7]。吾何以知众甫之然哉？以此[8]。

【译 文】

老子说：有大德之人的行动，只有遵循大道（宇宙本体）的自然规律。道这个东西，是恍恍惚惚的。惚惚恍恍之中，有它的形象。恍恍惚惚之中，有它的实质。渺渺茫茫之中，有它的精神。它的精神是很真实的(表现在它的作用上)。真实中有它的信验(表现在它的规律性上)。我从今及古，称它为道，这个名称是不会消除的。道乃产生天地。天地乃产生万物。我何以知天地产生万物呢？就是因为这个有规律性的道。

说 明

这一章是老子的宇宙论。他认为，道（宇宙本体）是无形体的，人类感官不能察觉，然而确有这个东西，有它的实质，有它的形象，有它的精神，有它的信验。它产生了万物的父亲——天地。所以大德之人的行动，都遵循道的规律。

注 释

❶河上公注："孔，大也。"孔德，指大德之人。容，疑借为"搈"。《广雅·释诂》："搈，动也。"又魏源《老子本义》云："孔，大也。从，自也。言

盛德之容，皆自道中出也。”

❷恍惚，似有似无也。

❸窈，傅奕本作“幽”。窈、幽古字通用。幽冥，不可见的形容词，犹渺渺茫茫。

❹精，精神。

❺真，真实，如上文有象、有物。信，道的运行有规律，应时而验，就是信。《老子本义》：“真即精也，信即真也，变文协韵耳。”

❻王弼本作“自古及今”，误。傅奕本、汉帛书甲乙两本均作“自今及古”，今据改。这是说，道的名，是用今天的名，称古时的道，是自今及古，不是自古及今。而且“古”“去”“甫”押韵。

❼阅，出也，产生。甫，俞樾说：“甫与父通。众甫者，众父也。”按：众父，即指天地，天地生万物，故言众父。这句是说：道产生了万物的父亲。

❽然，王弼本作“状”，误。傅奕本、汉帛书甲乙两本均作“然”，今据改。此，指道。

二十二章

【原 文】

曲则全。枉则直[申][①]。洼则盈。敝则新[②]。少则得。多则惑。圣人抱一为天下式[③]。不自见，故明[④]。不自是，故彰[⑤]。不自伐，故有功[⑥]。不自矜，故长[⑦]。夫唯不争，故天下莫能与之争。古之所谓“曲则全”者，岂虚言哉，诚全而归之[⑧]，希言自然[⑨]。

【译 文】

老子说：处理事物，能弯曲则将能保全；能委屈则将能伸张；地低洼则将能转为平满；物破旧则将能转为新。人对于财物，少则可得而有之，多则将迷惑而尽失之。圣人掌握道，作为天下的模范。他不自我表现，所以高明。不自以为是，所以显著。不自我夸耀，所以有功。不自我骄满，所以长久。正因为他不争，所以天下没有人能够和他相争。古人所谓“曲则全”一类的话，岂是空话？事实上不是空话，是真能以保全的结果还给他的。这就是人们经常说的自然之道。

说 明

这一章是老子的人生论，阐述他贵柔弱、贵谦虚、贵退让三个主张。老子运用朴素的辩证观点，观察事物矛盾的对立转化，提出“曲则全。枉则申。洼则盈。敝则新。少则得。多则惑”六个客观法则，从而提出抱道的圣人所用的“不自见，不自是，不自伐，不自矜，不争”，是符合柔弱、谦虚、退让三原则的，是可以取得胜利的。最后又强调“曲则全”等六条都是自然之道。

注释

❶直，傅奕本、帛书乙本作“正”，甲本作“定”。按：“直”字不押韵，“正”“定”不切合文意，均是误字。疑当作“申”，“申”与下文“新”为韵。枉，屈也。申，伸也。

❷敝，破旧。

❸一，指道。式，法也，模范。

❹此句是说不自我表现，故能高明。如七十二章：“圣人自知不自见，自爱不自贵。”

❺彰，显著。

❻伐，夸耀。

❼矜，骄满。

❽归，给予。

❾此句，王弼各家本均列入下章之首，姚鼐本列入本章之末。帛书甲乙本均不分章，各家划错了，姚氏改对了，今从姚。希，当作“常”，形似而误。常，经常。

二十三章

【原 文】

飘风不终朝[1]，骤雨不终日。孰为此者？天地。天地尚不能久，而况于人乎[2]？故从事于道者同于道，德者同于德，失［天］者同于失［天］[3]。同于道者，道亦乐得之[4]。同于德者，德亦乐得之。同于失［天］者，失［天］亦乐得之[5]。

【译 文】

老子说：狂风刮不了一早晨，暴雨下不了一整天。谁搞起狂风暴雨？是天地。天地搞的狂风暴雨尚不能持久，何况人的狂暴行动呢？人不要效法狂风暴雨的摧残万物，而要效法道、德与自然的生养万物。所以从事于道的人，所作所为就与道相同；从事于德的人，所作所为就与德相同；从事于自然的人，所作所为就与自然相同。与道相同的人，道也乐于帮助他；与德相同的人，德也乐于帮助他；与自然相同的人，自然也乐于帮助他。

说 明

这一章是老子的政治论。老子指出，王侯用狂暴的政治手段压迫人民，绝不会长久；如果效法宇宙自然之道、自然之德、自然之天，使万民各得其生，各得其养，那就可以与道、德、天比美了。

注 释

❶“飘”字上，王弼本有“故”字，河上公本、帛书甲乙本均无，今据删。飘风，狂风。

❷“尚”字上，傅奕本与王弼本同有“天地”二字，帛书乙本无（甲本缺，以字数计，同乙本）。按：这是说狂风暴雨尚不能久，不是说天地尚不能久。七章“天长地久”可证。但此“天地”二字不可缺，缺则不成词。有此二字与原解无碍。因狂风暴雨皆天地为之，这就是说，天地所为之狂风暴雨尚不能久，特省文耳。

❸后二句，均承上句，省“从事于”三字。“失”当作“天”，形似而误。道是宇宙的本体。德是道的性能。天是自然。从事于自然者，同于自然。

❹得，应为“德”，二字古通用。下二“得”字，亦与此同。

❺两“失”字，也当作“天”。又章末王弼本有“信不足焉，有不信焉”两句，帛书甲乙本均无。按：此两句又见十七章，当是经文“天”字已误为“失”，读者抄十七章注解经文“失”字。今据帛书删。

二十四章

【原 文】

企者不立[①]。跨者不行[②]。自见者不明。自是者不彰。自伐者无功。自矜者不长[③]。其在道也，曰："余食赘行，物或恶之[④]。"故有道者不处。

【译 文】

老子说：踮起脚尖的人，不能长久站立。张股跳越的人，不能长久走路。自我表现的人，不算高明。自以为是的人，不能显著。自我夸大的人，没有功劳。自骄自满的人，不能长久。在道的方面来说："有的人有剩余的粮食和衣服，有些人就憎恨他。"所以遵循自然之道的人不处于有剩余的地位。

说 明

这一章是老子的人生论。老子指出，"企者""跨者""自见者""自是者""自伐者""自矜者"必定失败，他批判奴隶主的骄傲自满。老子是主张谦虚退让的。他又指出，"余食赘行"，将招致憎恨，批判奴隶主多占财富。老子是主张过朴素生活的。

注 释

❶企，踮起脚尖。此句比喻违反自然条件，追求高过别人的人，必定失败。

❷跨，张股跨越。此句比喻违反自然条件，追求快过别人的人，必定失败。

❸矜，骄满。第二十二章："不自矜，故长。"

❹赘，《法言·问道》司马光注："有余曰赘。""行"当作"衣"。物，指人。富者食和衣有剩余，则贫人憎恨他。奴隶主正是处在这种地位。

二十五章

【原 文】

有物混成①，先天地生，寂兮寥兮②，独立而不改，周行而不殆③，可以为天地母④。吾不知其名，字之曰道，强为之名曰大，大曰逝，逝曰远，远曰反⑤。故道大，天大，地大，人亦大⑥。域中有四大，而人居其一焉。人法地，地法天，天法道，道法自然⑦。

【译 文】

老子说：有一个东西，混合成为整体，在有天地以前就产生了；虚空无形，独立而不依附任何东西，没有消长存亡；自身循环运行，而不停息；可以做天地的母体，产生了天地，包育着天地。我不知道它的名字，给它一个称号叫作道。它是很难形容的，我勉强把它形容一下，说它是大的，说它是运行的，说它是永远运行的，说它是循环运行的。所以道是大的，天是大的，地是大的，人（万物之灵）也是大的。宇宙间有四个大，而人占其中一个。人要效法地，效法天，效法道，就是要效法自然，遵循自然的规律，无所作为。

说 明

这一章是老子的宇宙论。老子称宇宙的本体为道，认为道广大无边，它产生天地，永远存在，运行不息；但它没有形体，人类感官不能察觉，但人必须遵循它的自然规律。

注 释

❶混，合也，混合为一个整体。

❷王弼注："寂寥，无形体也。"

❸周行，循环运行。

❹天地，原作"天下"，汉帛书甲乙两本均作"天地"，今据改。

❺"强为之名"四句，旧注如此断句，讲不圆通。亨按：名，当为"容"字，说见《老子正诂》。此四句当作"强为之容曰大，曰逝，曰远，曰反"。容，形近误为"名"。大、逝、远三字传抄误重。容，形容。逝，运行。

❻人亦大，王弼本作"王亦大"，帛书甲乙本亦均作"王"。但下文帛书俱作"人法地"，可知"人"字是，故从傅奕本改。

❼"人法地"四句，旧注如此断句，讲不圆通。亨按：当作"人法地，法天，法道，法自然"。地、天、道三字传抄误重。唐李约《道德真经新注》的读法是"人法地地，法天天，法道道，法自然"。大意是说：人法地则与地同德，法天则与天同德，法道则与道同德，都是法自然。似可备一解。

二十六章

【原 文】

重为轻根。静为躁君。是以圣人终日行不离辎重[1]。虽有荣观[2]，宴处超然[3]。奈何万乘之主而以身轻天下[4]。轻则失根[5]。躁则失君。

【译 文】

老子说：重是轻的根本，轻要附属于重。静是躁的主宰，躁要受静的支配。所以明智的侯王出行不离开有篷壁的车。因为有围墙宫室的保卫，故能安全地住着，超脱没有忧虑。为什么作为有万辆兵车的国王，竟至以自己可贵之身，轻举妄动于天下呢？轻举则失其所以为之根本，妄动则失其所以为之主宰。

说 明

这一章是老子代侯王设想应有的人生论。论点有两个：一是慎重与宁静是侯王的重要条件，不论出行或居住，都要慎重和宁静；二是轻佻和急躁不能做侯王，侯王把天下让给别人，是极度轻佻躁动的。这是批判儒家所宣传的尧把天下让给舜，舜把天下让给禹的说法。如战国时，燕王哙让国于他的宰相子之，赵武灵王让国于他的儿子王子何，都造成内战，招致灾祸。

注 释

❶辎重，有篷壁的车叫作辎重，是古代的轿车，贵族乘坐。运兵器粮食的车也有篷壁，也叫作辎重。

❷此句，帛书甲本作“唯有环官”，乙本作“虽有环官”。“虽”当读为“唯”，发语词。或解为“为”字，因为。“荣”“环”，均当读为“营”。《韩非

子·五蠹》："自环者谓之私。"《说文》引"环"作"营"。营，周垣也，围墙也。观，当读为"官"，"官"即古"馆"字，宫室也。

❸宴，安也。超然，超脱没有忧虑。

❹万乘，一万辆兵车。轻，看轻，这里指看轻自身，轻举妄动。

❺根，王弼本作"本"，《永乐大典》"本"作"根"。据上文，作"根"是（采俞樾说）。今据改。

二十七章

【原 文】

善行无辙迹。善言无瑕谪①。善数不用筹策②。善闭无关楗而不可开③。善结无绳约而不可解④。是以圣人常善救人，故无弃人；常善救物，故无弃物。是谓袭明⑤。故善人者不善人之师，不善人者善人之资⑥。不贵其师，不爱其资，虽智大迷，是谓要妙⑦。

【译 文】

老子说：善于行路的人不留车辙马迹（无迹可寻）。善于谈话的人没有疵病（无疵可指）。善于计算的人不用筹码（心中有数）。善于闭门的人不用门闩，门却不可弄开（以道自守，坚不可破）。善于打结的人不用绳索，结却不可解开（同心相结，密不可分）。因此，圣人既有此五善，又常善于挽救人，所以没有废弃的人；常善于挽救物，所以没有废弃的物。圣人光明，人与物也光明，这叫作两方面光明。所以善人是不善人的老师，不善人是善人的学生。如果不善人不尊敬他的老师，善人不喜爱他的学生，虽然很聪明，却是大糊涂。这个道理就叫作幽深精妙。

说 明

这一章是老子的人生论。老子先提出五善：“善行”“善言”“善数”“善闭”“善结”。其次指出，圣人常善于挽救人、物，所以废弃的人、物可以转为有用的人、物。最后指出，善人与不善人有相反相成的关系。

注释

❶瑕谪，疵病。

❷筹策，几寸长的竹片，古人用来计算物数，叫作筹策。今人所谓“筹码”，也有计算物数的意义。

❸关楗，《说文》：“关，以木横持门户也。楗，歫（拒）门也。”关楗即门闩。楗今通作“键”。

❹约，也是绳。

❺《广雅·释诂》：“袭，重也。”圣人善于救人、救物是一明；人与物都有用了，又是一明，是为重明，即两方面光明。

❻资，教育的对象，等于学生。

❼要妙，重要而精妙。一说：要，读为“幽”，深也。

二十八章

【原文】

知其雄，守其雌，为天下溪[1]。为天下溪，常德不离[2]，复归于婴儿。知其白，守其黑，为天下式。为天下式，常德不忒，复归于无极[3]。知其荣，守其辱[4]，为天下谷[5]。为天下谷，常德乃足，复归于朴[6]。朴散则为器[7]，圣人用之，则为官长[8]。故大制不割[9]。

【译文】

老子说：作为一个有道之士，知道他自己是雄健的，却甘居于雌弱的地位，做天下的水沟。做天下的水沟，原有的德性就不会离散，又回到婴儿的天真。知道他自己是洁白的，却甘居于污黑的地位，做天下的法式。做天下的法式，原有的德性就不会缺损，又回到人类的原始。知道自己是荣乐的，却甘居于卑辱的地位，做天下的空谷。做天下的空谷，原有的德性就能保持充足，又回到上古的纯朴。上古纯朴之道被破坏后，于是出现控制人的工具。只有圣人能运用人民的纯朴，无知无欲，于是可以作为官长。所以大的治术是对人民的纯朴无所伤害。

说明

这一章是老子的人生论，也涉及政治。主要论点是：在人生方面，要谦虚、退让、甘居卑下，保持原有的德性、婴儿的天真、人类的纯朴；在政治方面，要因循自然而无为，保持人民的纯朴而不伤害。

注释

❶溪，水沟，指处于卑下的地位。

❷常德，人类原有的德性。

❸此六句，帛书甲乙本均在“复归于朴”下，使“朴”与下文“朴散则为器”之“朴”隔断，非也。今依王弼本与河上公本。

❹荣，帛书甲乙本均作“白”。按：《老子》古本有可能作“白”者。《庄子·天下》引老聃曰：“知其雄，守其雌，为天下溪。知其白，守其辱，为天下谷。”可证。辱，借为“黣”。《玉篇》：“黣，垢黑也。”雄与雌，白与黣，义各相反。但上文已有“知其白”，故依王弼本、河上公本仍作“知其荣”。

❺谷，空谷，比喻人内心谦虚。

❻朴，《说文》：“朴，木素也。”即未经人加工的树木，比喻人原有的德性。

❼散，坏也。器，与道对称，道无形，器有形，器指事物，或指工具。

❽之，指朴。

❾制，指治国之道。割，伤害。

二十九章

【原 文】

将欲取天下而为之，吾见其不得已[①]。天下神器[②]，不可为也，不可执也[③]。为者败之[④]。执者失之[⑤]。

物或行或随[⑥]，或歔或吹[⑦]，或强或羸[⑧]，或挫或隳[⑨]。是以圣人去甚、去奢、去泰[⑩]。

【译 文】

本章分两段。老子说：有的人将要取天下，而有所作为，我预见他是得不到的。天下是神圣的器物，不可以有所作为，也不可以用力来掌握。如果要有所作为，就要搞坏；要用力来掌握，就要失掉。

老子又说：一切事物（主要指人），都存在矛盾，有的走在前头（指挥人），有的跟在后面（受人指挥）；有的气势炎热，有的处境寒凉；有的坚强有力（有权有势），有的软弱无力（无权无势）；有的乘在车上，有的坠在车下。总之，前者是富贵者（统治阶级），后者是贫贱者（被统治阶级）。富贵者常常因骄奢淫乐，变为贫贱者。因此，圣人坚决不淫乐、不奢侈、不骄傲。

说 明

前段是老子的政治论。他指出，谁也不要以有为对待政治，若以有为争取天下或掌握天下，其结果必定失败；反之才能成功。后段是老子朴素的辩证观点。老子认为，事物都是矛盾的，例如富贵者则行、热、强、乘，贫贱者则随、寒、弱、坠。又认为矛盾总是互相转化的，富可转化为贫，贵可转化为贱。所以圣人去甚、去奢、去泰，以免失去富贵，陷入贫贱。

注释

❶这二句有三个动词："不得"对"取"而言，"为"是"不得"的原因。已，语气词。

❷神器，神圣的器物。

❸不可执也，诸本均无此句，《文选》干令升《晋纪总论》李善注引《文子》述《老子》语有此句。今据补（采易顺鼎说）。

❹之，语末助词，无实义。

❺此二句，重见于第六十四章："为者败之，执者失之，是以圣人无为故无败，无执故无失。"

❻"物"字上，王弼本有"故"字，傅奕本有"夫"字，景龙碑、龙兴观碑有"凡"字，均是后人所加。帛书甲乙两本均无"故""夫""凡"等字，今据删。行是走在前面，随是跟在后面，两者义相反。或，有也。

❼歔，河上公本作"呴"，龙兴观碑作"嘘"。河上公注："呴，温也。吹，寒也。"《玉篇》引《声类》："出气急曰吹，缓曰嘘。"按：缓吐气使物温为嘘，急吐气使物寒为吹，义正相反。这是一种解释。又此句，帛书甲本作"或炅或□"，乙本作"或热或硅"。按：《素问·举痛论》："得炅则痛立止。"王冰注："炅，热也。""硅"当读为"淬"。《方言》十三："淬，寒也。"炅、淬义也相反。

❽《国语·周语》韦昭注："羸，弱也。"

❾挫，河上公本作"载"，按：王本作"挫"，借为"侳"。《说文》："侳，安也。"指安坐在车上。河上公本作"载"较好。载，犹乘也，指乘车。隳，即堕也，坠也，坠落车下。载，与堕义正相反。

❿《说文》："甚，尤安乐也。"即荒淫享乐。泰，骄也。

三十章

【原 文】

以道佐人主者[1]，不以兵强于天下[2]。其事好还[3]。师之所处，荆棘生焉[4]。大军之后，必有凶年[5]。善者果而已[6]，不敢以取强。果而勿矜[7]，果而勿伐[8]，果而勿骄，果而不得已，果而勿强[9]。物壮则老，是谓不道[10]，不道早已［亡］[11]。

【译 文】

老子说：用道辅佐人君的人，不用兵力逞强于天下。用兵（侵略别国）这件事，最容易受到报复。因为军队驻扎的地方，田地荒芜，荆棘丛生。大战以后，必定有凶荒的年岁。善于用兵的人，战胜便罢休了，不敢争夺霸权。战胜不要自满，战胜不要自夸，战胜不要自骄，战胜乃出于不得已，战胜不要争夺霸权。凡物（包括国家与个人）强壮了就要衰老，若违反此规律，妄自逞强，这叫作不合于道，不合于道就要提早灭亡。

说 明

这一章是老子的军事论。主要论点是：反对诸侯争夺霸权的、侵略性的、非正义的战争，拥护争取国家安全的、自卫性的、正义的战争。他着重指出，前者造成城乡破坏，土地荒芜，给人民带来巨大的灾难，同时也是自取灭亡。这对于霸权主义者是一个严厉的警告。他又指出，后者是必须的战争，而且必然取得胜利，但是是出于不得已的。总之，老子对于战争是抱着朴素的、辩证的、一分为二的观点的。

注释

❶佐，辅佐。

❷于，王弼本无“于”字，景龙碑、帛书乙本有（甲本缺），今据补。“强”字有争夺霸权之意。

❸好，犹易也。还，返也，复也。好还，容易受到报复。

❹荆，一种丛木，今名荆条。棘，一种小木，有刺。

❺此八字，帛书无。军，疑当作“单”，形似而误。单，借为“战”。古铜器铭文、甲骨文均以“单”为“战”。三十一章、六十七章、六十八章“战”字，帛书甲本或作“单”，或作“战”，乙本均作“单”。可见《老子》古本“战”字多作“单”。

❻者，王弼本作“有”，河上公本、傅奕本、帛书甲乙本均作“者”，今据改。《尔雅·释诂》：“果，胜也。”已，止也。

❼《管子·法法》：“彼矜者，满也。”矜即自满。

❽伐，自夸，宣扬也。

❾“强”上疑脱“取”字。

❿则，当读为“贼”，害也。一说：则，就也，壮了就老，乃是规律。而下文云“是谓不道”，可知此句之上，应有省文，省去相反之意。魏源《老子本义》：“物壮则老，此天道也。而违之者，是不道矣，宜其暴兴者必早（亡）已也。”

⓫已，《素问》卷一王冰注引作“亡”，按：“亡”与“强”韵，当据改。

三十一章

【原 文】

兵者，不祥之器，非君子之器[①]。不得已而用之，恬淡为上[②]。胜而不美，而美之者是乐杀人。夫乐杀人者，则不可以得志于天下矣。夫佳兵者，不祥之器[③]，物或恶之[④]，故有道者不处[⑤]。君子居则贵左，用兵则贵右。吉事尚左，凶事尚右[⑥]。偏将军居左，上将军居右[⑦]，言以丧礼处之；杀人之众，以哀悲泣之[⑧]；战胜，以丧礼处之[⑨]。

【译 文】

老子说：兵事是不吉祥的事物，不是君子的事物。不得已而使用它，以存心平静、淡泊为最好（不出于泄私愤、逞贪欲）。战胜不要自美，如果自美，就是喜欢杀人。喜欢杀人的人（将引起天下人的反对），就不能得志于天下了。正因为兵事是不吉祥的事物，有些人就憎恶它，所以有道的人不依靠它。君子平时以左边为贵，用兵时则以右边为贵；吉事以左边为上，凶事以右边为上。军礼，偏将军在左边，上将军在右边，这是说用丧礼来对待；战时官兵被杀的众多，要以悲哀的心情对待之；战胜了，要用丧礼来处理这个胜利。

说 明

这一章是老子的军事论。他对于兵事抱一分为二的辩证观点，一方面认为兵事是要杀人的，是凶事；另一方面认为在不得已的情况下还得用它。他对于战争提出两点要求：（一）不要为了泄私愤、逞贪欲而战争，即反对非正义的战争；（二）战胜不要自美。他又举出军礼同于丧礼，来证明兵事是凶事。

注释

❶兵，指兵事，由下文“胜而不美”可证。器，指事物。一说：兵，指兵器。

❷恬，《说文》：“恬，安也。”《方言》：“恬，静也。”恬，指内心没有私愤。淡，指内心没有贪欲。

❸帛书甲乙本均无“佳”字。王念孙说：“佳当作隹，字之误也。隹，古唯字也。”然自汉以来，即有“佳兵不祥”之论。佳，犹美也。自美其兵善战，是谓“佳兵”，与“胜而不美”相反。故言“佳兵不祥”。两说均可通。

❹物，指人。

❺处，犹据也，依靠。

❻凶，帛书甲本作“丧”（乙本缺）。凶事，指丧事。尚，犹上也。

❼偏将军，犹副将军。此二句是说，行军礼时，偏将军在左方，上将军在右方。

❽泣，借为“莅”，面对也。之，代“杀人之众”。

❾古代大战后，统治者给战死的官兵举行丧礼，哭泣追悼而埋葬之。所以老子说，军礼与丧礼同，以论证“兵者，不祥之器”。

三十二章

【原 文】

道常无名[①]，朴虽小，天下莫不臣[②]。侯王若能守之，万物将自宾[③]。天地相合，以降甘露，民莫之令而自均。始制有名[④]。名亦既有，夫亦将知之，知之可以不殆[⑤]。譬道之在天下，犹川谷之于江海[⑥]。

【译 文】

老子说：道（宇宙本体）本来是没有名称的，这个自然物，虽然微小至于无形，然而天下之大没有不服从它的。侯王如果能遵守道的规律，万民将自动地归附他。天地合作，从而降下甘露，没有谁下令分配，而人们都公平地受到甘露的润泽。这就是道的作用。我开始给它创造一个名字，称它为道，它就有了名字了。它既有了名字，侯王也将会认识它。侯王能认识它，遵守它的规律，就可以使国家太平，没有危险。打个比喻，道在天下，天下任何事物，莫能相比，如同川谷之于江海，无法相比。

说 明

这一章是老子由宇宙论引申到政治论。他指出，道（宇宙本体）本是个无名的自然物，是我们给它的名称。它极为微妙，小至于无形，大至于无边。天下一切事物，都服从它，遵循它的规律而活动。王侯能认识它，遵守它的规律，万民就都归附他了。

注 释

❶常，本来。道本来是无名的。

❷朴，指道。朴是自然之木，道是自然之物，所以称“道”为“朴”。道本广大，而此云“朴虽小”，是说道之微妙无形体。“不”，王弼本作“能”，唐写本作“不”，今据改。臣，服从也。

❸万物，主要指万民。宾，归附。

❹制，创造名字。

❺夫，犹彼也，指侯王。二“之”字王弼本作“止”，河上公本作“之”，今据改。之，指道的规律。

❻譬，比喻。这二句，是从正面言道之广大，天下莫不臣服。天下任何事物，与道相比，都相差甚远，犹川谷之于江海耳。

三十三章

【原 文】

知人者智，自知者明。胜人者有力①，自胜者强。知足者富。强行者有志。不失其所者久②。死而不亡者寿③。

【译 文】

老子说：善于识别人的人，可谓智慧。善于认识自己的人，可谓明通。战胜别人的人，可谓有力量。战胜自己思想弱点的人（如改正自己的错误，克服自己的弱点等），可谓坚强。知足的人，才能感到自己富有。坚持自己行动的人，就叫作有志气。不失掉其所执守的人，就能长久相安。其人虽死，而他的道德、功业、学说等并未消亡，而被人念念不忘，就可以称他为长寿。

说 明

这一章是老子的人生论。老子指出，人要“知人”，更要“自知”；要“胜人”，更要“自胜”；要“知足”，要“强行”，要“不失其所”，要“死而不亡”。

注 释

❶胜人者有力，《老子本义》曰：“守柔者强。”则此“胜人者”，应指“守柔者”。

❷所，居处，指应有的地位。

❸不亡，意谓他有功业、学说、著作存在。又帛书甲乙本“亡”均作“忘”，忘，忘掉。

三十四章

【原 文】

大道氾兮，其可左右①。万物恃之而生而不辞②，功成不名有③，衣养万物而不为主④。常无欲，可名于［为］小。万物归焉而不为主，可名为大。以其终不自为大，故能成其大。

【译 文】

老子说：大道（宇宙本体）是普遍存在的，岂可以说它在左边，或在右边？它是无处不在的。万物依靠它而生存，而它不去管理。它生长万物的功已成，而不称为己有。它包容养育万物，而不做主宰。它永远没有私欲，也没有形体，可以称为小。万物都依靠它，而它不做主宰，可以称为大。由于它始终不自以为大，所以能够成其大。

说 明

这一章是老子的宇宙论。他认为，道不仅是广大无边、包育万物的；而且是无为的，不去管理万物，不做万物的主宰，任万物自由生长，自由活动；又是无私的，不以万物为己有。不自以为大，所以能够成其大。

注 释

❶氾，《广雅·释言》：“氾，普也。”其，犹岂也。举左右以包六合。

❷辞，当读为“司”，管理也。不辞、不名有、不为主的主语是道。

❸不名有，不称为己有。名，称也。

❹衣，衣服包裹人身，引申有包意。衣养即包育。主，主人。

三十五章

【原 文】

执大象[①]，天下往[②]。往而不害，安平太[③]。乐与饵[④]，过客止。道之出口，淡乎其无味。视之不足见，听之不足闻，用之不足既。

【译 文】

老子说：有道的侯王掌握着大道（宇宙本体）的规律，则天下人都去归附他了。天下人都去归附他，他不加以伤害，国家乃能平安通顺。谁家有音乐与美食，过客都要停住脚步，听一听，闻一闻。可是这个道，与乐、饵不同，它从口里讲出来，是淡淡然没有滋味的，要看它不可以看见，要听它不可以听到，然而要用它是不可以用尽的。

说 明

这一章也是老子由宇宙论引申到政治论。他指出，道（宇宙本体）有三个特点：（一）它是视无形、听无声、言无味的大象；（二）宇宙万类都在用它，而用之不尽；（三）侯王能掌握它的规律，不加害于民，国家就能平安顺利。

注 释

❶执，掌握。大象，指道。道是“无物之象”（见第十四章）。它产生天地，无处不在，为宇宙间最大的象。

❷往，归附也。

❸王引之《经传释词》：“安，犹乃也。”太，读为“泰”，通也。

❹乐，音乐。《说文》：“饵，粉饼也。”是一种美食。

三十六章

【原 文】

将欲歙之，必固张之[①]。将欲弱之，必固强之。将欲废之，必固与之[②]。将欲夺之，必固予之[③]。是谓微明[④]。柔弱胜刚强。鱼不可脱于渊，国之利器不可以示人[⑤]。

【译 文】

老子说：在用人问题上，欲要收敛他，必先暂且扩张他。欲要削弱他，必先暂且加强他。欲要废除他，必先暂且抬举他。欲要夺取他，必先暂且给予他。这叫作微妙而又明通的道理。这种先予后取的做法，看起来是柔弱的，但是，柔弱却能战胜刚强。这并不是说，自己只有柔弱而无刚强，而是刚柔相济。自己的刚，要隐蔽在柔之中，不可暴露，就比如鱼不可脱离水，因为水是鱼的生存条件；国君的政权不可显示给别人，因为政权是国君的生存条件，一旦显示于人，就没有力量了。

说 明

这一章是老子朴素的辩证观点。老子指出，歙与张、弱与强、废与与、夺与予，都是矛盾对立、互相转化的。必先有张之、强之、与之、予之，而后才有歙之、弱之、废之、夺之。这就说明用柔弱的手段，不仅可以取得胜利，还可以掌握政权。

注 释

❶歙，《韩非子·喻老》引作“翕”。《荀子·议兵》杨倞注：“翕，敛也。”即收敛。翕、张义相反。固，景龙碑本作“故”，二字可通用。固，为强调；

故，为故意。

❷与，各本均作“兴”，帛书甲乙两本均作“与”。“与”与下文“予”押韵，作“与”是，今据改。与，借为“举”，《礼记·礼运》：“选贤与能。”与，即应读为“举”字。废、举义相反。

❸予，各本均作“与”，帛书甲乙本作“予”。今据改。

❹《说文》：“微，隐行也。”微，幽隐。微明，微妙而又明通。

❺利器，指政权，或指军事力量。示，显示于人。另一说：示，借为“赐”。《荀子·赋》：“皇天隆（降）物，以示下民。”《穆天子传》：“帝曰：‘穆满！示女（汝）春（钟）山之瑶（宝）。’”“示”均借为“赐”。

三十七章

【原 文】

道常无为而无不为[①]。侯王若能守之[②]，万物将自化。化而欲作[③]，吾将镇之以无名之朴[④]，镇之以无名之朴[⑤]，夫亦将无欲[⑥]。无欲以静，天下将自定。

【译 文】

老子说：道（宇宙本体）永远是无为的，它能生养天地万物，而又无所不能作为。侯王如果能遵守道的自然规律，保持人类的自然状态，而归于无为，则万物将要自己生长变化，而归于无所不能作为。人们在生长变化中，会产生物质生活的欲望，我将要用“无名之朴”（道）来镇定他们，使他们都过着朴素的生活。既然用“无名之朴”来镇定他们，他们也就没有欲望了。人们没有欲望，因而就能安静，天下自然会太平。

说 明

这一章是老子的政治论，讲述他“使民无欲”的政策。物质生活水平逐步提高，本是人类共同的欲望。春秋时代，由于生产力的发展，人类的物质生活确实有了提高。但是在奴隶社会人为的制度下，奴隶主霸占一切财富，过着奢侈享乐的生活，而奴隶则陷于水深火热之中，犹如牛马。两种阶级，生活悬殊，最终造成社会动乱。奴隶主罪恶的生活是动乱的根源，奴隶的正当要求则成为阶级斗争的动力。老子有鉴于此，为侯王提出无为而无不为的治国方略，主张取消奴隶社会人为的阶级制度，使人们的生活权利得以平等；取消奴隶主贪得无厌的物质生活，使人们共同过着朴素的原始时代的生活。那么，人们就都满意于朴素的生活，“甘其食，美其服，安其居，乐其俗”（见八十章），都没有什么欲望，从而就没有动乱了。这是老子复古倒退思想的表现。

注释

❶道，宇宙本体，有它的自然规律。此句，帛书甲乙本均作“道恒无名”，不如此文意通畅。又此文“为”“化”押韵，也胜于帛书。

❷守之，守道，遵守宇宙的自然规律，恢复人类的自然状态，归于无为。

❸欲，生活方面的欲望。《广雅·释诂》：“作，生也。”

❹镇，帛书乙本作“阗”，镇、阗古通用。镇，定也。无名之朴，指道。《说文》：“朴，木素也。”自然的树木称朴，因而其他的自然物也称朴。道本来是没有名称的最大的自然物，所以称“无名之朴”。“镇之以无名之朴”，是说用道来安定众人，即仿效道的无为，恢复人类的自然状态，取消人为的种种制度，使大家都过着朴素的生活。

❺此句，诸本均作“无名之朴”，帛书乙本作“阗之以无名之朴”（甲本有缺字），今从帛书补三个字且改“阗”为“镇”。

❻夫，彼也，他们。

卷下

三十八章

【原 文】

上德不德，是以有德。下德不失德，是以无德[①]。上德无为而无不为。下德为之而有不为。上仁为之而无以为，上义为之而有以为[②]。上礼为之而莫之应，则攘臂而扔之[③]。故失道而后德，失德而后仁，失仁而后义，失义而后礼。夫礼者，忠信之薄，而乱之首。前识者，道之华，而愚之始[④]。是以大丈夫处其厚而不居其薄，处其

【译 文】

老子认为，具有道家修养而有上等品德的国君，不要仁义礼智等品德，所以才保有自然的品德。下等品德的国君，掌握仁义礼智等品德而不失掉，所以就没有自然的品德。上等品德的国君无为，没有什么做不到的；下等品德的国君强调有所作为，有许多事做不到。最讲仁政的国君，他的有为是在人剥削人的制度下，推行爱人的仁政，主张减轻剥削，而对他自己，还无所用心，无所考虑。最讲义政的国君，他的有为是在人剥削人的制度下，推行辨别是非、区分善恶的义政。所谓“义政”之中，也包括剥削，对于他自己是有所考虑的，是有自为之心的。最讲礼制的国君，他的有为，是推行人剥削人的强迫制度，如果有人不服从，就用刑罚来强迫，甚至撸起胳臂，挽起袖子，把不服从的人强拉过来，加以处理。所以老子说：上古有些人抛弃了“道”，而提倡“德”（自然之德）。以后奴隶主抛弃了“德”，而提倡“仁”。以后奴隶主又抛弃了“仁”，而提倡“义”。以后奴隶主又抛弃了“义”，而提倡“礼”。礼，包括了法律制度。礼制的出现，是忠信稀薄的标志，是动乱的开头。至于一些有先见之明的智者，不过是道的花朵，愚昧的起点。因此，大丈夫要处身于忠信丰厚的环境，而不处身于忠信稀薄的环境；要处身于大道的果

原文	译文
实而不居其华。故去彼取此。	实地位，不处身于大道的花朵地位。所以要去掉花朵那一方面，争取果实这一方面。

说明

这一章是老子的政治论。他指出了道、德、仁、义、礼产生的顺序。原始时代有道有德，到了奴隶社会，道与德都有了变化，才逐渐有仁、有义、有礼。仁、义、礼都是出于奴隶主统治奴隶的需要，是用来维护奴隶主利益的工具。他又特别指出，礼是虚伪的，不是忠信的；是乱源，而不是治本。智是大道的花朵，而不是果实；是出现愚昧的开始，而不是明哲。这些都揭示了仁、义、礼、智的阶级本质。老子的话是在批判奴隶社会。

注释

❶“上德”“有德”“无德”，这三个“德”字指自然德性，即儿童的纯朴天真。“不德”“下德”“不失德”，这三个“德”字指人类创造的“仁”“义”“礼”“智”等德目。

❷两“以”字，因也。“无以”，没有别的原因。“有以”，有别的原因。义，宜也，行事得当是为义。

❸而，犹如也。《广韵》：“揎（卷）袂（袖）出臂曰攘。”攘臂，即伸出胳臂，卷起衣袖。陆德明说：“扔，引也。”

❹前识，有先见之明，即所谓“智”。华，古“花”字。老子之意：花是虚美而无实用的。

三十九章

【原文】

昔之得一者[1]：天得一以清，地得一以宁，神得一以灵[2]，谷得一以盈[3]，万物得一以生，侯王得一以为天下贞[4]。其致之[5]，天无以清将恐裂，地无以宁将恐发[6]，神无以灵将恐歇[7]，谷无以盈将恐竭[8]，万物无以生将恐灭，侯王无以为贞将恐蹶[9]。

贵以贱为本[10]，高以下为基。是以侯王自谓“孤”“寡”“不谷”[11]。此其以贱为本邪？非乎[12]？故致数舆无舆[13]，不欲琭琭如玉[14]，珞珞如石[15]。

【译文】

老子常常称道（宇宙本体）为一。他说，古来得到这个一的：天得到一，因而清朗；地得到一，因而安定；神得到一，因而灵验；河谷得到一，因而水满；万物得到一，因而生存；侯王得到一（道的规律），因而做天下的君长。推究其理，天若不得道，天就没有清朗，将会崩裂；地若不得道，地就没有安宁，将会塌陷；神若不得道，神就没有灵验，将会消失；河谷若不得道，河谷的水就不会满，将会枯竭；万物若不得道，就不能生存，将会灭亡；侯王若不得道，就不能作为君长，将会垮台。

老子又说，贵人以贱人为根本，高官以下民为基础。所以侯王自称“孤”“寡人”“不谷”，原意在于以谦虚的态度，争取臣民的拥护与辅助，这就是他们以贱人为根本的理由吧。不是吗？那就看他们的谦虚，是否出于真诚了。最好的侯王，是让人民各自过着朴素生活，对人民无所作为，人民对他没有赞美，也没有批评，这才是最高的赞美。所以最高的赞美是没有赞美。侯王最好不要表现自己，既不愿像玉那样光亮而有色彩，也不愿像石那样灰白而无色彩，以至引起人民的赞美和批评。

说明

本章分为二段。前段是老子的宇宙论，过渡到政治论。他称道（宇宙本体）为一，认为宇宙间一切东西——天、地、神、谷、万物，都是得到一才能存在，没有一将不会存在。最后又谈到政治，指出侯王也是得到一（遵循道的自然规律），才能做君长；失去一，就要败亡。

后段应是老子的政治论，自然也是为侯王政治服务的。老子指出，人民是侯王的根本与基础，所以侯王要真诚谦虚地对待人民、重视人民。最好能使人民对他既没有赞美，也没有批评。这就是道家的政治观点。

注释

❶一，道的别名，即宇宙的本体。《说文》："惟初太始，道立于一。"

❷神，老子相信有神，但认为是宇宙本体产生的灵物，不是宇宙万物的创造者。

❸谷，河谷。盈，水满。

❹贞，河上公本作"正"，汉帛书乙本也作"正"。按：贞，借为"正"。王念孙说："正，长也，君也。"

❺致，犹推也。其，将也，转接连词。

❻刘师培说："发，借为废。"废，塌陷。

❼歇，消失。

❽竭，尽也，水干。

❾为贞，王弼本作"贵高"，误，兹据傅奕本改。蹶，跌倒。

❿"贵"上，王弼本等均有"故"字。按：此句以下，本自成一段。《老子校诂》引姚鼐说，"故"字衍文，今据删。

⓫侯王自称"孤""寡人""不谷"，《左传》中常见。孤，单也。《广雅·释诂》："寡，独也。"《尔雅·释诂》："谷，善也。"古代侯王自称"孤"或"寡人"，表明自己是一个孤独的人，有争取臣民拥护的企图。又自称"不谷"，表明自己是才德不好的人，有争取臣民辅助的企图。这些自称，可能是受道家思想的影响而提出的，实际都是骗人的谦辞。

⑫其，王弼本作“非”，傅奕本、《战国策·齐策》引作“其”，帛书甲乙本均作“丌”（丌、其古通用）。今改为“其”。其，指侯王。邪，同“耶”，疑问语气词。

⑬致，帛书甲本同，乙本作“至”。“致”当读为“至”。数，明太祖本无。马叙伦认为“数”字是衍文，当据删。輿，帛书乙本同，甲本作“与”，傅奕本、陆德明《释文》并作“誉”。輿、与均当读为“誉”。至，最高。誉，赞美。

⑭琭，读为“录”。《说文》：“录，金色也。”《玉篇》：“录，具文也。”录录是有光亮有色彩的状态。

⑮珞，读为“硌”。《广韵》：“硌，白色。”硌硌是素白而无光亮的状态。

四十章

【原 文】

反者，道之动[1]。弱者，道之用[2]。天下万物生于有[3]，有生于无[4]。

【译 文】

老子说：循环往复，是道（宇宙本体）的运动。柔弱是道的运用。天下万物生于有形体的天地，有形体的天地生于无形体的道。

说明

这一章是老子的宇宙论。他指出道（宇宙本体）的两个特点：第一是循环运行，第二是行动柔和。又指出宇宙的形成过程是：道生天地，天地生万物。

注释

❶反，借为“返”，去而复回为返，即循环。自然界日月的运行、春夏秋冬的更替，都是往来循环，老子认为这就是道的运动。第十六章：“万物并作，吾以观复。”复，返也。另一说：反与正相对，如高下、贵贱、成败、贫富等，各向相反的一面转化。

❷老子认为，道的作用是柔和的。四时的气候总是逐渐转变，所以生养万物；狂风暴雨是偶然的。

❸有，指天地。天地由无形的道产生，而天地是有形体的，是万物之母。

❹无，指道，道是无形体的。

四十一章

【原文】

上士闻道，而勤行之①。中士闻道，若存若亡②。下士闻道，大笑之。不笑，不足以为道。故《建言》有之③：“明道若昧④。进道若退。夷道若颣⑤。上德若谷⑥。大白若辱⑦。广德若不足。建德若偷⑧。质真若渝⑨。大方无隅⑩。大器晚成。大音希声⑪。大象无形。道隐无名⑫。夫唯道善贷且善成⑬。”

【译文】

老子说：上等士人听到道，就勤奋去做。中等士人听到道，有时想起，有时忘掉。下等士人听到道，就大加讥笑。他们不讥笑，就算不上是道了。因为他们不了解道的实质，只看见道的现象。所以《建言》有这样的话：“光明的道好像黑暗。前进的道好像后退。平坦的道好像险阻。崇高的德好像卑下。广大的德好像狭小。坚强的德好像软弱。充实的德好像虚空。大的洁白好像污黑，不以洁白自居。大的方正没有棱角。（不触伤别人。此二句也是讲德的。）伟大的器物需要晚些才能制成。（比喻圣人老年才成为圣人。）高妙的音乐很少有声。（比喻圣人少有言论。）大象没有形体。大道隐微，甚至没有名称。（此二句是说自然界之道，即宇宙的本体。）只有道善于施予万物，而且善于成就万物。”

说明

这一章是老子运用朴素的辩证观点来论述他的道德。老子认为，一种事物的内在实质与外在现象是互相矛盾的。如道的实质是“明”“进”“夷”，而现象好像是“昧”“退”“颣”。德的实质是“上”“广”“建”“质”“白”“方”，而现象好像是“谷”“不足”“偷”“渝”“辱”“无隅”。接着他指出，具有上述道德的圣人，要在晚年有所成就，圣人的言论是很少的。这或者是影射他自己晚年才著书五千字。最后又谈到，他的宇宙论中的道是“无形”“无名”，但是“善贷”“善成”的。这说明他的政治论与人生论中的道是以宇宙论中的道为根据的。

注释

❶而勤，王弼本原作“勤而”，傅奕本作“而勤”，今据改。（帛书甲本无此章，乙本作“堇能”。“堇”似当读为“仅”，仅，能行之，是说上士仅仅能行道，不能发扬道，因此上士不能与圣人相比。今从傅本作释。）

❷若，犹或也。存，留在心里。亡，借为“忘”。

❸《建言》，当是老子所引的书名。

❹昧，暗也，不明也。

❺王弼注：“夷，平也。”纇，河上公本、帛书乙本均作“类”。《说文》：“纇，丝结也。”引申为不平之意。纇是本字，类是借字。

❻上，高也。谷，溪谷，比喻卑下。

❼辱，傅奕本作“黷”。“辱”借为“黷”。《玉篇》：“黷，垢黑也。”按：此句当在下文“大方无隅”句上，译文移此句于后。

❽俞樾说：“建，当读为健。”偷，帛书乙本作“输”。按：偷、输均借为“嬬”。《说文》：“嬬，弱也。”

❾刘师培说：“疑‘真’亦当作‘德’，盖‘德’字正文作‘悳’，与‘真’相似也。”质，实也。渝，帛书乙本作“俞”。按：渝、俞均借为“窬”。《说文》：“窬，空中也。”

❿隅，角也。

⓫大，有高妙之意。故大音、大声皆高妙之音声，《庄子·天地》：“大声不入于里耳。”可证。“希”读为“稀”，少也。

⓬隐，隐晦不可见。但此句疑当作“大道无名”，转写脱“大”字，后人以臆增“隐”字。

⓭“且”下，现存王弼本无“善”字，范应元《集注》引王本有，帛书乙本也有，今据补。《说文》：“贷，施也。”

四十二章

【原 文】

道生一[1]。一生二[2]。二生三[3]。三生万物。万物负阴而抱阳[4]，冲气以为和[5]。

人之所恶，唯“孤”“寡”“不谷”，而王公以自称[6]。故物或损之而益，或益之而损。人之所教，我亦教之。“强梁者不得其死”[7]，吾将以为教父[8]。

【译 文】

老子说：道（宇宙本体）就是太一。这个一产生了二，即天地。这个二产生了三，即阴气、阳气、和气。这个三产生了万物。万物的背后（北面）是阴气，胸前（南面）是阳气。阴气、阳气交流成为和气。

老子说：人们憎恶的是“孤”“寡”“不谷”，而王公却自称“孤”“寡”“不谷”，这是因为用自我贬损的谦辞，可以引起人的好感和辅助，对自己有益。所以事物有时减损它，反而会增益它；有时增益它，反而会减损它。同样，坚强可以保卫自己，也可以毁灭自己。人们教人的话，我也用来教人。“强悍的人不得好死”，我将用这句话作为教人的第一条。

说 明

前段应为老子的宇宙论。他认为，道是宇宙的本体，原始就是一，故一亦可称为道，一与道并生，大道即大一，有一即有道，有道即有一。故既言“道生一”，又言“道立于一”。道产生了天地，天地产生了阴气、阳气、和气，三气产生了万物。

《庄子·天下》述老聃的学说，说：“主之以太一。”《老子》书中没有“太一”这个术语，可见此章的“道生一”当作“道太一”。《吕氏春秋·大乐》：“道也者，至精也，不可为形，不可为名，强为之，谓之太一。”又说：“太一出两仪（天地），两仪出阴阳……万物所出，造于太一，化于阴阳。”也讲宇宙形成的过程，与《老子》的说法相同，似即本于《老子》。《周易·系辞上》：“《易》有太极，是生两仪，两仪生四象（少阳、老阳、少阴、老阴），四象生八卦。”太极即太一。

老子讲道的文字很多，要之，他认为，道是宇宙的本体，产生天地万物，包容天地万物，养育天地万物。日月星辰的运行，昼夜四时的更替，风雨雷电、霜雪水火的变化，人类鸟兽、虫鱼草木的活动，都是道的作用。但是道没有形体，人类感官接触不到，察觉不出。有人说：“老子所谓道是物质性的。”有人说：“老子所谓道即黑格尔所谓宇宙精神。”未知谁是。总之，老子所谓道，是他想象出来的，没有也不可能有科学根据，仍属于唯心论的范畴。然而比上帝创造宇宙的迷信说法，则前进了一步。

后段应为老子的人生论。老子抱着朴素的辩证观点，认为事物损益的矛盾现象是互相转化的。谦虚自贬反而有益，强梁自逞反而招祸。他强调后者，正是为了鼓励前者。

注释

❶据《老子》全书，道就是一。《庄子·天下》述老聃之术曰：“主之以太一。”太一与此一、道同。太一即大一，亦即大道。道与一同时并生，实指一事。故“道生一”与“道立于一”，看来有矛盾，实则是互文见义。

❷二，指天地。

❸三，指阴气、阳气、和气，下文可证。

❹负，在背后。阴，阴气。抱，在胸前。阳，阳气。

❺《说文》：“冲，涌摇也。”即交流。为，成也。和，和气。

❻孤，单也。寡，独也。谷，善也。自，王弼本作“为”，据傅奕本、帛书甲乙本改。

❼强梁，《庄子·山木》释文：“强梁，多力也。”

❽以，用也。以下省去“之”字。“之”指上一句话。父是家长，是一家之首。所以教父犹教首。老子是说，我将用这句话作为教人的第一条。

四十三章

【原文】

天下之至柔，驰骋天下之至坚[1]。无有入无间[2]。吾是以知无为之有益。不言之教，无为之益，天下希及之[3]。

【译文】

老子说：天下最柔弱的人能驱使天下最坚强的人。无有作为的政治能达到没间隙的地方。我因此知道无为是有利的。不言的教育，无为的利益，天下人很少能认识到或做到。

说明

这一章是老子的人生论兼政治论。在人生方面，他提出贵柔的主张；在政治方面，他提出无为的主张。

注释

❶驰骋，驰驱，马跑。此用作使动词，使他驰骋。即驱使。

❷此从王弼本，亨按："无有"当作"无为"，乃后人误改。"无为入无间"，是说无为的政治都达到无间隙之处，即无为而无不为之意。下文"吾是以知无为之有益"即承接此"无为"而说，便是明证。(一说：无有，即无有作为，不改作"无为"，也可通。)

❸希，少也。及，认识到或做到。

四十四章

【原 文】

名与身孰亲？身与货孰多[1]？得与亡孰病[2]？甚爱必大费[3]；多藏必厚亡。知足不辱，知止不殆[4]，可以长久。

【译 文】

老子说：名誉和身体，哪一样更亲切？生命和钱财，哪一样更重要？得其所欲得者和失其所欲得者，哪一样更有害？大有所爱，必定大有破费；多藏钱财，必定多失钱财。知道满足，就不会受侮辱；知道休止，就不会遇到危险，就可以长久。

说 明

这一章是老子的人生论。春秋时代，逐渐没落的奴隶主自私贪婪，千方百计追求富贵名利，最终落得家破人亡。老子针对这种情况，提出三个论点：（一）身体比名誉和钱财更可贵；（二）爱钱财和藏钱财，必定失掉钱财；（三）知足和知止，才能不陷于灾难。

注 释

❶此“身”字指生命。多，奚侗说：“多，犹重也。”

❷亡，失也。病，犹害也。

❸此句上，王弼本有“是故”二字。河上公本、帛书甲本均无（乙本缺）。今据删。

❹此二句，均指人对于财货。

四十五章

【原 文】

大成若缺，其用不敝[1]。大盈若冲，其用不穷[2]。大直若屈[3]。大巧若拙。大辩若讷[4]。大赢若绌[5]。躁胜寒[6]，静胜热［炅］[7]，清静，为天下正[8]。

【译 文】

老子说：大的成就好像亏缺，但它的用处是不会失败的。大的充实好像虚空，但它的用处是不会穷尽的。(人的学问有大成，大盈。) 大的正直好像弯曲。大的巧妙好像笨拙。大的辩论好像语言迟钝。大的得利好像亏本。(人的言论行为有大直、大巧、大辩、大赢。) 在生活方面，活动可以战胜寒冷，静止可以战胜炎热。在政治方面，清而无欲，静而无为，可以做天下的君长。(清静的政治，无为而无不为，故能取得大的政治效果。)

说 明

这一章与四十一章应并为一章。老子在这里运用朴素的辩证观点，指出：有道家修养的人，其言论行为的实质是“大成”“大盈”“大直”“大巧”“大辩”“大赢”，而现象是“缺”“冲”“屈”“拙”“讷”“绌”。这似乎是指他自己而言。最后他指出，“清静”的政治主张，能够取得无不为的政治效果。

注 释

❶敝，王弼本作“弊”，帛书甲乙本均作“敝”，今据改。敝，破败也。

❷冲，空也。

❸屈，曲也。

❹《说文》："讷，言难也。"即言语迟钝。

❺此句，今本均无，帛书甲乙本均有。甲本作"大赢如炳"，乙本作"大赢如绌"。按：甲本有误字，今据乙本补，而改"如"为"若"，以与上文一律。《说文》："赢，贾有余利也。"《广雅·释诂》："赢，益也。"绌，读为"黜"。《广雅·释诂》："黜，减也。"又："黜，去也。"赢是得利，绌是亏本。

❻躁，动也。

❼热，帛书乙本缺，甲本作"炅"。炅，热也。

❽清，无欲。静，无为。《尔雅·释诂》："正，长也。"《广雅·释诂》："正，君也。"

四十六章

【原 文】

天下有道，却走马以粪[1]，天下无道，戎马生于郊[2]。罪莫大于可欲[3]。祸莫大于不知足。咎莫大于欲得[4]。故知足之足常足矣。

【译 文】

老子说：天下有道，没有战争，退下战车上的马来送田粪。天下无道，战争频繁，则战马在城郊生了驹子。战争之所以频繁，是由于统治者的贪心，进行侵略掠夺，所以罪恶没有比多欲更大的了，凶祸没有比不知满足更大的了，灾难没有比贪心欲得更大的了。所以人知道满足的满足，即主观上的满足，就永远满足了。

说 明

这一章是老子的军事论。首先，他认为人类有没有战争，在于社会有没有道。当然他所谓有道，是指人类恢复自然状态，回到原始社会的情景。在他看来，这样就没有战争了，即“虽有甲兵，无所陈之”（八十章）。其次，老子强烈反对非正义的战争。春秋时代的大国统治者怀着贪婪的野心，凭借强大的武力，发动非正义的战争，争城争地、掠夺财物，老子指责他们是罪魁祸首。对此两种观点，应该有所肯定和批判。

注 释

❶却，退下来。走马，善跑的马，指战马。粪，王弼注：“治田粪也。”

❷戎马，战马。生，产驹也。郊，城郊。

❸此句王弼本无，河上公本、傅奕本等均有，今据补。

❹《说文》：“咎，灾也。”欲得，要把想要的东西弄到手。

四十七章

【原 文】

不出户，知天下。不阙牖，见天道①。其出弥远②，其知弥尟③。是以圣人不行而知，不见而名④，不为而成。

【译 文】

老子说：有道之士不出门，就能知道天下事（社会情况）。不看窗外，就能了解天时。有些人走出越远，他知道的东西越少。所以圣人不用亲自走出去，就能了解情况。不用亲自观察事物，就能称说事物。不用亲自去做，就能成功。

说 明

这一章是老子的人生论，全是讲认识事物的方法。老子认为，一个人坐在家里，就能认识宇宙一切事物；相反地，走出越远，认识就越少。这种否定观察外界、脱离实践的认识方法，是十足的唯心论，应该批判。

注 释

❶阙，傅奕本作“窥”。“阙”与“窥”同，看也。牖，窗也。按：陶方琦说，“不出户，知天下”之理，与“以乡观乡，以邦观邦”略同。参看第五十四章。

❷弥，越。

❸尟，王弼本作“少”，傅奕本作“尟”（音鲜）。按：“尟”“远”押韵，傅奕本是。今据改。尟，少也。

❹名，称说。

四十八章

【原 文】

为学日益[①]。为道日损[②]。损之又损，以至于无为，无为而无不为。取天下常以无事，及其有事，不足以取天下[③]。

【译 文】

老子说：从事于学问，知识天天增多。但是有道者看来，是增加了累赘。从事于道，政事天天减少。减少再减少，从而做到“无为”。“无为”却能无所不为。取得天下经常是用“无为”的道；如果“有为”，就不足以取得天下。

说 明

这一章是老子的政治论。他的无为之道，反对积学。要从自我贬损、自我俭约做起，逐步实行，乃至于无为。他所谓“无为”，就是不要制度、法律、文化、教育等，使人民无知无欲，回到原始社会。但是春秋时代，奴隶社会的制度、法律、文化、教育早已产生，老子不想要这些，不能一下子取消，必须逐步取消以至全部取消。所以说“为道日损。损之又损，以至于无为”。老子认为，“无为”则“无不为”，即万民各得其生，各得其养，没有动乱，没有战争，扩而大之，足以统一天下。这是他唯心论的反映。

注 释

❶为学者多闻多见，日益增加积累。道家反积累，主张“绝学”。

❷道家贵无为，主张俭约，故提倡减损，少有负担。

❸无事，犹无为也。有事，犹有为也。及，犹若也。

四十九章

【原 文】

圣人无常心，以百姓心为心[①]。善者吾善之，不善者吾亦善之，德善。信者吾信之，不信者吾亦信之，德信[②]。圣人在天下，歙歙为天下浑其心[③]。百姓皆注其耳目[④]，圣人皆孩之[⑤]。

【译 文】

老子说：道家的圣人没有固定不变的心意，以百姓的心意为心意。百姓以为善良的人，我就以善良对待之，百姓以为不善良的，我也以善良对待之，于是一个时代的品德就将同归于善良了；百姓以为诚实的人，我就以诚实对待之，以为不诚实的人，我也以诚实对待之，于是一个时代的品德就将同归于诚实了。（老子说“常善救人，故无弃人”，即应指此。这是道家思想的进步性。）因此，道家圣人为政于天下，将用浑和的态度，使天下人的心，都混混沌沌，无知无识。百姓都在倾注耳目，追求知识，而道家圣人则掩塞他们的耳目，使他们无知无欲，保持原有的善良诚实。

说 明

这一章是老子的政治论，阐述他以百姓心为心的政策。大意是，百姓要求人人善良诚实，不作恶、不骗人，同过太平日子。道家圣人就要混一百姓之德，使百姓都归心于善良诚实。怎样才能做到这一点呢？在于使百姓无知无识、“少思”“绝学”。这是愚民政策的表现。

注释

❶常，固定不变。百姓，主要指劳动人民。中国古代有“非官即民”之说，在当时可以酌用。

❷两“德”字，帛书甲本缺，乙本同。傅奕本、景龙碑、龙兴观碑均作“得”。德、得古通用，今依“德”字作解。德，品德也。

❸歙，读为“翕”，合也。翕翕，浑和貌。另一说：歙歙，犹急急也。浑，浊也。浑其心，使百姓的心浑浊。

❹此句，王弼本无，河上公本、傅奕本、帛书甲乙本均有，今据补。河上公注：“注，用也。”人用耳目听声看物，所以注有用之义。按：注，专用其精力也。

❺孩，傅奕本、帛书乙本均作“咳”。王弼注：“皆使和而无欲，如婴儿也。”第二十八章“复归于婴儿”是也。另一说：孩、咳均借为“阂”。《说文》：“阂，外闭也。”阂之，掩闭百姓的耳目。

五十章

【原 文】

出生入死[1]。生之徒，十有三，死之徒，十有三[2]。人之生生，动皆之死也，亦十有三[3]。夫何故？以其生生之厚。盖闻善摄生者[4]，陆行不遇兕虎[5]，入军不被甲兵[6]。兕无所投其角，虎无所措其爪，兵无所容其刃[7]。夫何故？以其无死地。

【译 文】

老子说：人出现世上就是生，进入坟墓就是死。人有七情六欲，这十三项可以养生，可以致死。生的途径是这十三条，死的途径也是这十三条。人的养生，一动都走向死亡的境地，也是这十三条。那是为什么？因为他养生的物质享受太丰厚了。这是损害生命，不是保持生命。我曾听说，善于保持生命的人，会避免危险、保卫身体。在陆地上走，遇不到兕牛和猛虎，在军队里参战，碰不着刀枪。兕牛没有机会用它的角，猛虎没有机会伸它的爪，刀枪没有机会亮出它的锋刃。那是为什么？因为他没有进入死亡的境地。

说明

这一章是老子的人生论，讲保养生命的方法。老子反对统治者放纵七情六欲，极力追求物质享受，过着奢侈、荒淫、腐烂的生活。他认为这是走在死亡之路上。他主张人要避免危险，保卫身体。

注释

❶出，出现于世上。入，入于地下。

❷徒，马叙伦说："徒即途之本字。"途，道路也。七十六章："坚强者死之徒。柔弱者生之徒。"可见马说是正确的。亨按：十有三当指人之七情六欲。《礼记·礼运》："何谓人情？喜、怒、哀、惧、爱、恶、欲七者，弗学而能。"《吕氏春秋·贵生》："所谓全生者，六欲皆得其宜也。"《吕氏春秋·去私》："黄帝言曰：'声禁重。色禁重。衣禁重。香禁重。味禁重。室禁重。'"那么六欲就是声、色、衣、香、味、室六种可欲的东西。七情六欲，如能克制，可以养生，这就是生存的途径，所以说"生之徒，十有三"。如果放纵，可以致死，那就是死亡的途径，所以说"死之徒，十有三"。（《韩非子·解老》认为，"十有三"指四肢与九窍，"徒"是徒属。可备一说。）

❸生生，王弼本不重"生"字，傅奕本、帛书甲乙本、《韩非子·解老》引均重，今据增。生生，犹养生也。按：养生所以求福，今反得祸，是违反自然之道也。《列子》有言："生非贵之所能存，身非爱之所能厚。"此理可以深思。

❹盖。起语词。《说文》："摄，引持也。"摄生是保持生命。

❺兕，兽名，似野牛，青色，有角。

❻被，受也。

❼俞樾说："容，用也。"

五十一章

【原 文】

道生之①，德畜之②，物形之③，器成之④。是以万物莫不尊道而贵德。道之尊，德之贵，夫莫之爵⑤，而常自然⑥。故道生之，德畜之，长之育之，亭之毒之⑦，盖之覆之⑧。生而不有⑨，为而不恃⑩，长而不宰⑪，是谓玄德⑫。

【译 文】

老子说：道（宇宙本体）产生了天地，德是道的性能，天地生养着万物。万物各成其形，各备其用。所以万物没有不尊道而贵德的。道的尊崇，德的贵重，不是有谁给它爵位，而是自然而然的。所以道产生天地，德畜养万物、长育万物、成熟万物、覆盖万物。天地万物之产生，而道不占有它们；万物活动，而道不掌握它们；万物成长，而道不主宰它们，这叫作玄妙的德行。

说 明

这一章是老子的宇宙论。主要论点是：道（宇宙本体）能产生天地，天地又产生万物、养育万物、成就万物、覆盖万物；但道是无私的，不占有万物；无为的，不管理万物。

注 释

❶之，指天地。道产生天地。

❷德，道的性能。畜，养也。之，指万物。天地产生万物。

❸物形之，物成其形。

❹器，各本作“势”，汉帛书甲乙两本均作“器”，今据改。器成之，各成其用。

❺爵，王弼本作“命”，傅奕本、汉帛书甲乙两本均作“爵”，今据改。爵，给予爵位。

❻常，本来。

❼河上公本“亭”作“成”，“毒”作“熟”。按：“亭”读为“成”，“毒”读为“熟”。

❽盖，王弼本作“养”，据傅奕本改。

❾有，占有。

❿为，活动。恃，借为“持”，掌握，管理。

⓫长，长成。宰，主宰。

⓬玄，高妙。依二章，生、为、长的主语是万物，有、恃、宰的主语是道。

五十二章

【原 文】

天下有始，以为天下母[①]。既得其母，以知其子[②]；既知其子，复守其母，没身不殆[③]。塞其兑，闭其门[④]，终身不勤[⑤]。开其兑，济其事[⑥]，终身不救。见小曰明。守柔曰强。用其光，复归其明[⑦]。无遗身殃[⑧]。是谓习常[⑨]。

【译 文】

老子说：天地万物有它的根源，都是由道产生的，道就成为天地万物的母亲。人们既然认得他的母亲，从而了解她的儿子；既然了解她的儿子，又掌握住他的母亲，这样，直到老死不会有危险。道生人类，原是无知无欲，而耳目口鼻是知欲的窍穴和门户。治国者堵住他们的窍穴，关闭他们的门户，他们一辈子不会得病。如果打开他们的窍穴，助成他们求知逞欲的事，他们一辈子不可救药。统治万民要看到小问题，看到小问题叫作明察。不要强暴，坚持柔弱，叫作坚强。使用他的光明，又归还他的光明。这样才不会引起万民的反抗，招致灾祸。这就叫作遵循道的自然规律。

说 明

这一章是老子的政治论。主要论点有三：（一）道是天地万物的母亲，人要掌握道去认识天地万物，认识万民；（二）统治万民要闭塞他们的耳目口鼻，使他们无知无欲，回到自然状态；（三）统治者要“见小”“守柔”“归其明”。要之，是遵循自然的正常规律。

注释

❶母，指道，即宇宙的本体。道生天下万物（包括人类），所以为天下万物之母。

❷子，指天下万物，是道的儿子。

❸殆，危也。

❹其，指万民，下两句同。兑，窍穴（采俞樾、奚侗说）。兑与门均指耳目口鼻。

❺勤，马叙伦说："勤借为瘽。《说文》曰：'瘽，病也。'"

❻济，助成。

❼复，又。归，收回。

❽遗，招致。殃，祸也。

❾习，傅奕本、帛书甲本均作"袭"（乙本缺）。习，读为"袭"。《小尔雅·广诂》："袭，因循也。"常，正常规律。

五十三章

【原 文】

使我介然有知[①]，行于大道[②]，唯施［迤］是畏[③]。大道甚夷[④]，而人好径[⑤]。朝甚除［涂］[⑥]。田甚芜[⑦]。仓其虚[⑧]。服文彩，带利剑，厌饮食，财货有余，是谓盗夸［竽］[⑨]，非道也哉[⑩]！

【译 文】

老子说：如果我是有智慧、有见识的人，就要走在大道上，只怕走入邪路。大道很平坦，而人们（奴隶主们）偏喜欢小径。他们的朝廷很肮脏（贪污乱政）。农田很荒芜（奴隶多逃亡）。人民仓库很空虚（被剥削净尽）。而他们穿着华丽的衣服，带着锋利的宝剑，吃足了美味，钱财有剩余，这就叫作强盗头领。他们违反大道了啊！

说 明

这一章也是老子的政治论。他一针见血地指出，奴隶主们贪污乱政，残酷地剥削人民，以致奴隶多逃亡，田地多荒芜，人民仓里没有存粮。然而奴隶主们却过着享乐的生活，霸占丰余的财富，他们就是抢夺人民财物的强盗，这是不合于大道的。这是老子思想的进步性。

注 释

❶介，读为“黠”。《广雅·释诂》：“黠，慧也。”即智慧。

❷大道，指老子的道。

❸王念孙说：“施，读为迤。迤，邪也。”

❹夷，平也。

❺人，王弼本作“民”，景龙碑、龙兴观碑均作“人”，今据改。人，指奴隶主。径，小路。

❻除，读为“涂”。《广雅》：“涂，污也。”

❼芜，荒芜。

❽虚，空虚。

❾夸，帛书甲本缺，乙本作“杅”，《韩非子·解老》引作“竽”。夸、杅、竽古通用。韩非说：“竽也者，五音之长。故竽先则钟鼓皆随，竽唱则诸乐皆和。今大奸作……则小盗必和，故曰……盗竽。”那么，盗竽相当于盗魁，强盗的头领。

❿此句王弼本作“非盗也哉”，龙兴观碑作“非道也哉”，帛书甲本缺，乙本作“盗杅非道也”。今改“盗”为“道”。“道”字回顾上文。

五十四章

【原 文】

善建者不拔，善抱者不脱，子孙以祭祀不辍[①]。修之于身，其德乃真。修之于家，其德乃余。修之于乡，其德乃长。修之于邦，其德乃丰[②]。修之于天下，其德乃普。故以身观身，以家观家，以乡观乡，以邦观邦[③]，以天下观天下。吾何以知天下之然哉？以此[④]。

【译 文】

老子说：善于建立的人，建立的东西拔不掉。善于抱持的人，抱持的东西脱不掉。侯王若能建立事业，又能保持事业，子孙就可以祭祀不绝了。怎样能有此二善呢？在于修德。修德于一身，他的德就纯真。修德于一家，他的德就有余。修德于一乡，他的德就加长。修德于一国，他的德就广大。修德于天下，他的德就普遍。修德要推己及人，见微知著。从个人本身的利益，看到别人的切身利益；从个人一家的利益，看到别人家的利益；从自己一乡的利益，看到其他各乡的利益；从自己国家人民的愿望，看到别国人民的愿望；从今日天下的倾向，看到来日天下的倾向。我凭什么能认识天下这么多现实呢？就是因为这样的观察过程。

说 明

这一章是老子的政治论，中心论点是修德。第一层：建立事业和保持事业都在于修德。第二层：事业无论大小，立身、治家、治乡、治国、治天下，都在于修德。第三层：修德要去私立公。立身则代表一身的利益，治家则代表一家的利益，治乡则代表一乡的利益，治国则考虑到一国人民的利益，治天下则考虑到天下人民的利益。附带提出，《管子·牧民》："以家为乡，乡不可为也。以乡为邦，邦不可为也。以邦为天下，天下不可为也。以家为家，以乡为乡，以邦为邦，以天下为天下。毋曰不同生，远者不听。毋曰不同乡，远者不行。毋曰不同邦，远者不从。如地如天，何私何亲。如月如日，唯君之节。”（诸“邦”字今本并作“国”，依王念孙《管子杂志》校改。毋，勿也，不要。）与此章大意相同。

注释

❶辍，帛书乙本作“绝”。辍是停止，犹绝也。辍、绝古通用。

❷邦，王弼本作“国”，傅奕本、《韩非子·解老》引均作“邦”。帛书甲本缺，据下文，也作“邦”，“邦”“丰”押韵。作“国”是汉人避汉高祖讳而改。今据傅奕本改正。

❸邦，王弼本二“邦”字皆作“国”，今据傅奕本改。《韩非子·解老》引、帛书甲本均作“邦”，可证。

❹之，王弼本无，河上公本、傅奕本、帛书乙本均有（甲本缺），今据增。

五十五章

【原文】

含德之厚，比于赤子。毒虫不螫[1]，猛兽不据[2]，攫鸟不搏[3]。骨弱筋柔而握固。未知牝牡之合而全［朘］作[4]，精之至也[5]。终日号而嗌不嗄[6]，和之至也[7]。知［精］和曰常[8]，知常曰明，益生曰祥[9]，心使气曰强[10]。物壮则老，谓之不道，不道早已[11]。

【译文】

老子说：人含有深厚的德性，可比于小孩子。小孩子，毒虫不刺伤他，猛兽不抓他，凶鸟不捕他。他筋骨柔弱，而拳头攥得很紧（这是说小孩子柔弱中有刚强）。不晓得男女的交合而生殖器翘起，他的内部精气充足，达于极点。整天哭而嗓子不哑，他的身体谐和，也达于极点。既精纯，又谐和，这叫作自然规律，认识到自然规律，叫作明智。做出事来，有益于人生，叫作吉祥。用思想意志克制感情冲动，叫作坚强。

说明

这一章是老子的人生论。老子主张人要回到儿童时代。儿童有四个特点：（一）遭不到恶物的伤害；（二）柔弱中有刚强；（三）内部精纯；（四）全身谐和。老子从而指出，既精且和，乃得自然规律。知自然规律，乃称明智。要做有益于人生的事，乃得吉祥。要用思想意志克制感情冲动，乃称坚强。

注释

❶毒虫，王弼本作“蜂虿虺蛇”，今依河上公本改。螫，毒虫刺伤。

❷据，兽用爪抓物为据。

❸攫，帛书甲本作“擢”，均读为“矍”。鸟凶猛为矍。矍鸟如鹰、雕之类。搏，帛书甲本同，乙本作“捕”。“搏”读为“捕”，捉也。

❹全，傅奕本、帛书乙本作“朘”（甲本缺）。“全”借为“朘”。《释文》引《说文》：“朘，赤子阴也。”即小男孩的生殖器。

❺精，无欲叫作精。

❻嗌，王弼本、帛书甲乙本均无此字。今依河上公本、傅奕本增。《说文》：“嗌，咽也。”即咽喉。嗄，河上公本作“哑”，二字是一个字。

❼和，阴阳调为和。人的身体，阳盛则生热疾，阴盛则生寒疾，阴阳调和才能健康。

❽知和曰常，按：“知和”当作“精和”。精和承上文而言。常，人类天性的自然规律。

❾益，助益。

❿心，思想，意志。气，感情的冲动。

⓫此三句，是三十章的经文，此处乃重出。应删。

五十六章

【原文】

知者不言。言者不知。塞其兑，闭其门①，挫其锐②，解其纷，和其光③，同其尘④，是谓玄同。故不可得而亲，不可得而疏，不可得而贵，不可得而贱。故为天下贵⑤。

【译文】

老子说：懂得大道的智者不讲话（行不言之教）。讲话的人不懂得大道，不算智者。懂得大道的人，要使万民无知无欲，堵塞他们的知欲窍穴，关闭他们的知欲门户；要使万民无争，摧折他们的锋芒，解决他们的纠纷；混同他们的品德光彩，统一他们的行动尘迹。这叫作玄妙的一致。在这玄妙一致的情况下，统治者对于万民自然要公平一致。不可亲近谁，也不可疏远谁；不可使谁提升为官，也不可使谁贬职为民。所以他能做天下君。

说明

这一章是老子的政治论，讲述治民的原则：（一）行不言之教；（二）使民无知、无欲、无争，品德行动归于一致；（三）不计亲疏贵贱，皆本于道。

注释

❶其，指万民，下同。兑，窍穴。兑和门都指耳目口鼻。

❷锐，锋芒。

❸光，品德的光彩。

❹尘，行路人要带起尘土，所以尘字可用来象征人的行迹。

❺贵，当作“贞”，形似而误。贞借为“正”。正，君也，长也。

五十七章

【原 文】

以正治国，以奇用兵，以无事取天下[①]。吾何以知其然哉？以此：天下多忌讳，而民弥贫[②]。民多利器，国家滋昏[③]。人多伎巧，奇物滋起[④]。法令滋章[⑤]，盗贼多有。故圣人云："我无为而民自化。我好静而民自正。我无事而民自富。我无欲而民自朴。"

【译 文】

老子说：用正常平易的方法来治国，用出奇变异的计谋来用兵，用无为的政治来取天下。我根据什么知道这样是对的呢？根据这个：天下多忌讳，人民就越穷。民间多武器，国家就越混乱。人民多技巧智慧，奇异的事物就越多。法令越严明，盗贼就越多。所以道家的圣人说："我无所作为，人民自然感化。我好安静，人民自然端正。我无所事事，人民自然富裕。我不贪欲，人民自然朴实。"

说 明

这一章是老子的军事论兼政治论。老子生在诸侯兼并、战争频繁的春秋末期，他认为从事政治有两个目的，首先要保卫本国，其次要统一天下（指当时的中国）。国家政治混乱，战争失败，就不能自存，所以主张"以正治国，以奇用兵"。但是要想统一天下，则非实行无为政治不可。所以说："以无事取天下。"接着他指出，有为的政治都是乱的因素，无为的政治才是治的根本。其实这是不切实际的幻想。

注释

❶无事，与无为同义。

❷忌讳，《楚辞·谬谏》：“恐犯忌而干讳。”王逸注：“所畏为忌，所隐为讳。”弥，越。此言统治者残暴，天下人多畏忌隐讳，不敢谈论，人民就更贫穷了。

❸利器，指武器。昏，乱也。

❹伎，与“技”同。奇物，奇怪的器物。

❺章，读为“彰”，明也。

五十八章

【原 文】

其政闷闷［闵］[①]，其民淳淳[②]，其政察察[③]，其民缺缺[④]。祸兮，福之所倚[⑤]；福兮，祸之所伏[⑥]。孰知其极[⑦]？其无正［善］[⑧]，正复为奇[⑨]，善复为妖。人之迷，其日固久。是以圣人方而不割[⑩]，廉而不刿[⑪]，直而不肆[⑫]，光而不耀。

【译 文】

老子说：一个国家，没有制度、法律、教育、文化，不辨善恶，不用赏罚，它的政治混混沌沌，它的人民就无知无识而朴厚了。一个国家有制度、法律、教育、文化，辨善恶，行赏罚，它的政治清清明明，它的人民就多知多识而狡猾了。天下的祸啊，是福之所倚靠；福啊，是祸之所隐藏。祸与福反复变化，谁能知其终极？难道没有正确和良善吗？有是有的，不过，正确也会反复变为邪怪，良善也会反复变为妖孽。人民对于这个道理迷惑不明实在很久了。所以深明大道的圣人，行为方正，却不伤害人；行为有棱角，却不刺伤人；行为正直，却不放肆；行为光明，却不炫耀。

说 明

这一章表现了老子朴素的辩证观点。他指出，矛盾对立的事物常常互相转化：其政闵闵，一般人认为是坏的，然而结果其民淳淳，是好的；其政察察，一般人认为是好的，然而结果其民缺缺，是坏的。祸可以转化为福，福可以转化为祸；正可以转化为奇，善可以转化为妖。人的行为方、廉、直、光是好的，然而割、刿、肆、耀则转化为坏的了。只有深明大道的圣人，能以道自守，保持不割、不刿、不肆、不耀。

注释

❶闷闷，傅奕本作“闵闵”。闷、闵均借为“潣”。潣潣，水混浊。其政潣潣，是说国家的政治混混沌沌，没有制度、法律、教育、文化，不辨善恶，不用赏罚。

❷淳淳，朴厚。

❸察察，水清明。其政察察，是说国家的政治清清明明，有制度、法律、教育、文化，辨善恶，行赏罚。

❹缺，帛书乙本同，甲本作“夬”。缺、夬均借为“狭”。“狭”与“狯”同，狡诈也。老子主张愚民，六十五章：“古之善为道者，非以明民，将以愚之。民之难治，以其多智。故以智治国国之贼，不以智治国国之福。”所以认为“其政潣潣，其民淳淳，其政察察，其民缺缺”。

❺倚，依靠，因由。

❻伏，隐藏。

❼极，终也，结果。

❽其，犹岂也。“正”下当脱“善”字，下文可证。

❾奇，怪也，邪也。

❿方，方正。割，以刀刃伤物。

⓫《广雅·释言》：“廉，棱也。”《说文》：“刿，利伤也。”即用刀尖刺物。

⓬肆，放肆。

五十九章

【原 文】

治人事天莫若啬[1]。夫唯啬，是以早服[2]。早服谓之重积德[3]。重积德则无不克[4]。无不克则莫知其极[5]。莫知其极可以有国。有国之［以］母，可以长久[6]。是谓深根固柢，长生久视之道[7]。

【译 文】

老子说：治理人民，遵循天道，没有比俭啬再好的。正因为俭啬，所以能够很早地服从自然道理，利人而不害人。能早服从道理，这叫作着重积累美德。着重积累美德，则无往而不胜利。无往而不胜利，则没有人能估计他的力量的顶点。没有人能估计他的力量的顶点，则可以保有国家。保有国家用此大道，则可以长久。这叫作根深本固、长生久活的道路。

说 明

这一章是老子的人生论和政治论。在奴隶社会，奴隶主阶级奢侈荒淫，他们残酷地剥削压迫奴隶，是促使两个阶级的矛盾斗争更加激烈的主要原因；他们内部争权夺利，又是促使本阶级的矛盾斗争更加尖锐的主要原因。要之，奴隶主奢侈荒淫，所以害人利己，从而酿成社会动乱。老子反对这个社会，主张回到没有阶级，没有人剥削人、人压迫人的原始社会。那么，就必然反对统治者奢侈荒淫，因而提倡俭啬。他在这一章里，一步步地指出俭啬能“早服”，能“重积德”，能“有国”，能“长久”，综合为“深根固柢，长生久视之道”。可见，他对于俭的重视与强调了。

注释

❶啬，俭也。《韩非子·解老》："少费之谓啬。"

❷是以，王弼本作"是谓"，今据傅奕本、帛书乙本改（甲本缺）。早服，尽早地服从。《韩非子·解老》："夫能啬也，是从于道而服于理者也。"八十一章："天之道利而不害。"人只有俭啬，才能利人而不害人，即服从自然道理。

❸人能利人而不害人，就是不断地积累美德。

❹克，胜也。

❺极，最高点。

❻《韩非子·解老》："母者，道也。"老子认为：道是宇宙的本体，有它的运动规律，它产生天地，从而化育万物，所以它是天地万物的母亲。之，犹以也，用也。"有国之母"即有国以母，是说保有国家，不用别的而用大道。

❼根柢，树根向四边伸的叫作根，向下扎的叫作柢。久视，《吕氏春秋·重己》："莫不欲长生久视。"高诱注："视，活也。"

六十章

【原 文】

治大国若烹小鲜[①]。以道莅天下[②]，其鬼不神[③]。非其鬼不神，其神不伤人。非其神不伤人，圣人亦不伤人。夫两不相伤[④]，故德交归焉[⑤]。

【译 文】

老子认为，治大国如同煎小鱼，不宜屡次翻动，应顺应自然。又认为，人死为鬼，鬼能作祟伤人。然而道家的圣人用“道”来治理天下，取消奴隶社会的制度、法律、文化，使人们“见素抱朴”“少私寡欲”，无仇无怨，那么，鬼也就不灵了；不是鬼不灵，即便灵，也不伤人；不是鬼的神灵不伤人，乃是圣人不伤人的结果，即圣人取消伤人的奴隶制的结果。圣人不以奴隶制伤人，那么，由人变的鬼也就不会作祟伤人了。这两方面各不相伤，因而自然的德性就都归到他们的身上了。

说 明

这一章也是老子的政治论。圣人“以道莅天下”，则人与人不相伤，鬼与人也不相伤。理解这一章，更要抓住“道”字。老子政治论中的“道”，是取消奴隶社会人剥削人、人压迫人的阶级制度，回到上古原始社会的自然状态。老子认为，在这样的社会里，人与人、鬼与人就不相伤害、不相仇视了。老子思想中还保留着迷信色彩，肯定上帝的存在，四章“象帝之先”可证；肯定神的存在，三十九章“神得一以灵”可证；肯定鬼的存在，本章可证。

注释

❶亨，龙兴观碑作“享”，帛书甲本缺，乙本作“亨”。按：亨，古“烹”字。作“享”非。烹，煎也，煮也。《韩非子·解老》：“烹小鲜而数挠之，则贼其泽。治大国而数变法，则民苦之……故曰：‘治大国者若烹小鲜。’”（挠，翻动。贼，破坏。泽，犹汁也。）老子之意是说：治大国不可有为，如同煎小鱼不可翻动。

❷莅，临也，治也。

❸神，灵也，动词。下文同。

❹两不相伤，指鬼与人、圣人与众人各不相伤。

❺交，俱也。

六十一章

【原 文】

大国者［著］下流[①]。天下之牝，天下之交[②]。牝常以静［柔］胜牡，以静为下[③]。故大国以下小国，则取小国。小国以下大国，则取［胜］大国。故或下以取，或下而取［胜］[④]。大国不过欲兼畜人[⑤]。小国不过欲入［不］事人[⑥]。夫两者各得其所欲[⑦]，大者宜为下。

【译 文】

老子说：大国（不可恃强争霸），要自处于卑下的地位。天下的女性才是天下的强健者。女性常常以柔弱战胜男性，又以宁静居于男性之下。所以，大国用谦卑的策略对待小国，则取得小国。小国用谦卑的策略对待大国，则战胜大国。要之，或者谦卑以取得小国，或者谦卑而战胜大国。大国不过希望兼并小国，小国不过希望不事奉大国。大国和小国要想实现自己的愿望，都应该自处于卑下的地位。

说 明

这一章是老子的对外斗争策略。主要论点是：大国对小国，小国对大国，都要采用谦卑的策略；采用这种策略，就能实现自己想要的。老子所讲的谦卑，含有不自高自大、不自骄自满、不恃强争霸、不侵略别国等多层意义。老子认为，大国做到这一点，则不用战争手段，就能兼并小国。小国做到这一点，则能独立自卫，抵抗大国的侵略。老子把谦卑的策略提高到绝对取胜的地位，未免片面，杂有幻想；但是他反对骄傲，反对霸权，反对侵略，还是正确的。

注释

❶者，读为“著”。《史记·货殖列传》：“废著鬻财。”裴骃《集解》引徐广曰：“著，犹居也。”下流，指地位（不是指品德）。《论语·阳货》《论语·子张》均有“居下流”的话，意同。

❷此二句，王弼本作“天下之交，天下之牝”。据帛书甲乙本移正。交，读为“狡”。《广雅·释诂》：“狡，健也。”字或作“佼”。《礼记·月令》：“养壮佼。”壮佼即壮健。此二句是说：天下的女性才是天下强健有力的人。（一说，“交”当作“父”，形似而误。《说文》：“父，家长率教者。”父可引申为统治者。这二句是说：天下的女性才是天下的统治者。）

❸上“静”字，疑当作“柔”。大概是传写中脱“柔”字，校者依下句增“静”字。牝柔牡刚，柔能胜刚，所以说“牝常以柔胜牡”。为下，与居下同义。

❹上六句，疑当作“大国以下小国，则取小国。小国以下大国，则胜大国。故或下以取，或下而胜”。乃因《老子》全书“胜”字原作“朕”，后人改为“胜”，遇此处两“朕”字，误依上句“取”字而改为“取”，以致文意混淆，讲不圆通。

❺兼畜人，畜养牛马羊猪等，即占有它们，所以“畜”字有占有之意。兼畜人是说兼并占有小国。（或说：“畜，包容也。”按：春秋时代，大国常常灭亡小国，解“畜”为包容，便是美化大国了。）

❻入事人，“入”当作“不”，盖俗儒所妄改。春秋时代，小国也要独立，不愿意事人，依“入”字作解，便是歪曲小国了。

❼所欲，王弼注：“各得其欲，则大者宜为下也。”或本以“所”字属上句，“欲”字属下句，则欲大者，当以下人为务矣。

六十二章

【原 文】

道者，万物之奥①，善人之宝，不善人之所保［宝］②。美言可以市尊③，美行可以加人④，人之不善，何弃之有？故立天子，置三公⑤，虽有拱璧以先驷马⑥，不如坐进此道。古之所以贵此道者何？不曰［有］求以得，有罪以免邪⑦？故为天下贵。

【译 文】

老子说：道，是万物的主宰，善人的法宝，不善人的可以宝贵的东西。美好的言论可以说服人，取得尊贵的官爵。美好的德行可以有益于人，使人改过从善。那么，人的不善，也可以说服、感化、挽救，有什么可以抛弃的理由？（二十七章："圣人常善救人，故无弃人；常善救物，故无弃物。"）所以立天子、设三公，派遣使者拿着大玉璧当礼物，坐着四匹马的车去聘问诸侯，不如坐在家里，在所谓道的实质上前进一步。古人所以珍视这个道的理由是什么？不是说有求可以获得，有罪可以免除吗？因此，道被天下人所珍视。

说 明

这一章是老子的人生论及政治论。他认为，道是万物的主宰、人们的法宝，任何人遵循这个道，则"有求以得，有罪以免"。统治者遵循这个道，则可以使恶人转化为善人，国家就可以治理了。

注 释

❶道，宇宙本体，有它的自然规律。它生养万物，是万物的主宰。奥，帛书

甲乙本均作“注”。《礼记·礼运》郑玄注：“奥，主也。”“注”当读为“主”。

❷此二句，《尹文子·大道》引作“善人之宝，不善人之所宝”。帛书甲本作：“善人之葆也，不善人之所葆也。”“葆”同“宝”，当改“保”为“宝”。所，犹可也。这两句是说：“道是善人的法宝，是不善人的可以宝贵的东西。”李哲明云：“不善人虽与道远，而恃之而生，亦保于道。”《庄子·盗跖》：“盗亦有道焉。”是则道亦不善人之所宝也。

❸市，买也，取也。尊，高贵的官爵。

❹“行”上，诸本均无“美”字，《淮南子·道应》、《人间》引均有，今据补。加，犹益也。加人即有益于人。

❺三公，周朝的三公是太师、太傅、太保。

❻亨按：此句当作“虽有拱璧驷马以先”，转写致误。易顺鼎说：“《玉篇》：‘珙，大璧也。’拱璧即珙璧。”璧是玉器，圆形，中间有小孔。驷马是一辆车四匹马。先，借为“诜”。《说文》：“诜，致言也。”即聘问之意。拱璧驷马以诜，是说天子派使者拿着璧（礼物），坐着车，聘问诸侯。

❼求以得，王弼本作“不曰以求得”，傅奕本、景龙碑、帛书乙本均作“求以得”（帛书甲本缺），今据改。马叙伦说：“疑《老子》本作‘有求以得’。”按：马说是，“求”上应脱“有”字。

六十三章

【原文】

为无为①。事无事②。味无味③。大小多少④，报怨以德⑤。图难于其易⑥，为大于其细⑦。天下难事必作于易⑧。天下大事必作于细。是以圣人终不为大，故能成其大。夫轻诺必寡信⑨。多易必多难。是以圣人犹难之，故终无难矣⑩。

【译文】

老子说：有道者的作为，若无所作为。他办的事情，若无事可办。他玩味的问题，若无可玩味。他把小事看成大事，把少事看成多事。用恩德报答仇恨（使人消除害我的念头）。考虑难事在它还是简易的时候，处理大事在它还是细小的时候。这是因为天下的难事一定由简易开始，天下的大事一定由细小开始。所以圣人永远不处理大事（因为大事已经化小了，无大事可处理了），故而能成就大事。人们轻易应许别人的要求，一定很少遵守信约。多把事情看得容易，一定多招致困难。所以圣人把一切事情均看得有难处，故而永远没有困难。

说明

这一章是老子运用朴素的辩证观点，提出了防患于未然的主张。事物总是向前发展，由小到大。星星之火可以燎原，涓涓之水可以溃堤，这是客观规律。老子初步认识到这一点，因而指出：“天下难事必作于易，天下大事必作于细。”主张“图难于其易，为大于其细”。认为这样，则永远没有困难，不做大事而可以成大事。

注释

❶为无为，是说顺应自然，虽为之而若无所作为。与第六十九章“行无行”略同。

❷事无事，也是说顺应自然。前事字，从事也，动词。无事，不制造新的事。第五十七章：“以无事取天下。”

❸味无味，也是说顺应自然。味，玩味也，动词。虽已玩味到，若无所玩味，不露声色。

❹大小，把小事看成大事。多少，把少事看成多事。

❺怨，仇恨。德，恩德。

❻图，谋也，考虑也。

❼细，小也。

❽作，开始。

❾诺，应许别人的要求。

❿犹，均也。

六十四章

【原 文】

其安易持[①]。其未兆易谋[②]。其脆易泮[③]。其微易散。为之于未有。治之于未乱。合抱之木，生于毫末。九层之台，起于累土[④]。千里之行，始于足下。为者败之。执者失之。是以圣人无为故无败，无执故无失。民之从事，常于几成而败之[⑤]。慎终如始，则无败事。是以圣人欲不欲，不贵难得之货[⑥]，学不学，复众人之所过[⑦]，以辅万物之自然，而不敢为[⑧]。

【译 文】

老子说：事物稳定，则容易掌握。事物没有萌芽，则容易谋划消灭。事物脆弱，则容易分割。事物微小，则容易散开。处理事情要在它未发生之前。治理国家要在它未动乱之前。合抱的大树，产生于毛尖小的幼芽。九层的高台，开始于一筐土。千里远的行程，开始于脚下。有为之者必败，有持之者必失。所以圣人无所为故不败，无所持故无失。人民办起事来，常常在接近成功的时候失败，能够像最初阶段一样谨慎于最后阶段，就没有失败的事了。所以圣人所想要的，常常是别人不想要的，圣人不重视难得的宝货。（以免引出人民为盗的大问题。三章：“不贵难得之货，使民不为盗。”五十七章：“我无欲而民自朴。”）他的学习是不读书，挽回众人的错误。（以免引出人民多智作奸的大问题。六十五章：“民之难治，以其多智。”）他只是辅助万物（主要是万民）的自然发展，而不敢有所作为。（以免引出社会动乱的大问题。五十七章：“我无为而民自化。”）

说明

这一章与六十三章应并为一章，也是老子运用朴素的辩证观点，根据事物总是由小而大地向前发展的客观规律，提出了谨小慎微和慎终如始的主张。(一) 先指出事物在“安”“未兆”“脆”“微”的阶段容易处理的四种情况；(二) 指出“为之于未有。治之于未乱”两个原则；(三) 举出事物由小而大的三个例证，这都在说明人要谨小慎微；(四) 简要地谈到“民之从事，常于几成而败之。慎终如始，则无败事”，这说明仅仅慎始，还是不行。必须一贯谨慎，才能执行“不欲”“不学”“无为”三大方针；在政治上自始至终这样做，才能“天下太平”。

注释

❶持，维持，掌握。

❷兆，事物的见端为兆。

❸泮，借为“判”。《说文》：“判，分也。”

❹累，借为“蔂”。《淮南子·说山》高诱注：“蔂，土笼也。”

❺几，《尔雅·释诂》：“几，近也。”帛书甲乙本均作“其”。均讲得通，“几”字更好。

❻难得之货，指珠玉宝器等，非生活必需品。

❼复，返也，从错误道路上走回来，所以改过为复。

❽辅，助也。

六十五章

【原 文】

古之善为道者①，非以明民②，将以愚之。民之难治，以其多智③。故以智治国国之贼④，不以智治国国之福。此两者亦稽［楷］式⑤。常知稽［楷］式，是谓玄德⑥。玄德深矣远矣，与物反矣⑦，乃至大顺⑧。

【译 文】

老子说：古代善于执行道家政治的人，不是使人民明智，而是使人民愚昧。人民的难以治理，正是因为他们文化知识多。所以用文化知识来治国，是国家的灾害；不用文化知识来治国，是国家的福利。这两句话也是治国的法则。统治者要能常常知道这个法则，就可说他有玄妙的德行。玄妙的德行，是深奥的、广远的，与一般政事是相反的，所以能达到人民无不顺从的境地。

说 明

这一章也是老子的政治论，论述他的使民无知的政策，即所谓愚民政策。老子提出这个政策，有它的历史背景：（一）奴隶社会只有奴隶主有学习文化的经济条件和政治条件，劳动人民是没有的。所以奴隶社会的制度就是愚民制度，是两个阶级在文化上没有平等权利的制度。老子主张无为，包括取消一切权利不平等的阶级制度，因而要取消奴隶主所独占的享受文化教育的制度，使人们都回到无知无识的原始时代；（二）春秋时代，奴隶主阶级都学习文化，新兴地主也有些人学习文化，只有奴隶与农民不能学习文化。奴隶主则利用他们的知识作为压迫奴隶、反对新兴地主以及内部互相争权夺利的工具。新兴地主则利用他们的知识，作为向奴隶主展开斗争的工具，进而酿成了社会的动乱。因此老子认为文化知识就是斗争动乱所用的一种武器，所以主张彻底取消它。

附带谈谈，道家和法家都主张执行愚民政策，都是应该批判的。道家和法家的愚民政策，不但不让劳动人民学习文化，而且不让有条件的一般剥削者学习文化。这种主张对于劳动人民没有大不利，对于那些剥削者确是大不利，对于人类文化的发展也起了阻碍作用。要之，我们批判愚民政策，也要进行阶级分析。如果认为道家法家的愚民有同情劳动人民的意味，那就大错特错了。

注释

❶为，执行。道，政治之道，指效法自然之道的无为的政治。老子所谓道，或是自然之道，即宇宙的本体及其规律；或是社会之道，即政治人生的道路及其法则、方法。后者以前者为理论根据。

❷明民，使民明智，多知识。

❸多智，王弼本原作“智多”，景龙碑、龙兴观碑均作“多智”，帛书甲乙本均无“多”字。今从碑本。“智”字押韵。

❹贼，害也。

❺“此”上，王弼本有“知”字，龙兴观碑无。“知”字乃涉上下文而衍，今据删。稽，帛书甲乙本同，河上公本、景龙碑、景福碑均作“楷”。按：“稽”借为“楷”。《广雅·释诂》：“楷，法也。”《说文》：“式，法也。”楷式，法则。

❻玄德，玄妙的德行。

❼物，事物。老子要使民无智，与一般政事相反。

❽此句上，王弼本有“然后”二字，河上公本、景福碑、帛书乙本均无（甲本缺）。今据删。顺，服从。（或说：“顺，通也。”也可。）

六十六章

【原 文】

江海所以能为百谷王者，以其善下之，故能为百谷王①。是以欲上民必以言下之②，欲先民必以身后之③。是以圣人处上，而民不重④，处前而民不害。是以天下乐推而不厌⑤。以其不争，故天下莫能与之争。

【译 文】

老子说：江海之所以能够成为百谷的王，是因为它们能够处在百谷的下边，所以成为百谷的王。因此，统治者要想坐在人民的上边发号施令，必须把自己的意见摆在下位，把人民的意见摆在上位。要想走在人民的前面执行政事，必须把自己的利益摆在后头，把人民的利益摆在前头。因此，圣人坐在人民的上边，而人民不感到压迫；走在人民的前头，而人民不感到害怕。因而天下人愿意推崇他而不憎恶他。正是因为他不和天下人争，所以天下没有人能够和他争。

说 明

这一章也是老子的政治论。他指出，统治者发号施令，必须尊重人民的意见；推行政事，必须尊重人民的利益。他运用辩证的观点，说明这两个论点。江海处于百谷之下，才能成为百谷之王；统治者把自己的意见摆在人民意见之下，他的地位才能在人民之上；把自己的利益摆在人民的利益之后，他的地位才能在人民之前；不和天下人争权夺利，天下人才不和他争权夺利。老子称他想象中的统治者为“圣人”，当是指上古原始社会的民族长或部族长。

注释

❶谷，溪也，小河流。百谷归于江海，犹如人民归于帝王，所以说江海是百谷的王。善，犹能也。

❷以言下之，要想为民之上，发号施令，一定要言语谦卑，尊重人民的意见，不强制压迫人民。

❸先民，走在人民前头做指挥者。以身后之，尊重人民的利益，将自身利益置于人民利益之后。

❹《诗经·无将大车》："重，犹累也。"此处指受压迫。

❺厌，厌恶，憎恶。

六十七章

【原 文】

天下皆谓我道大，似不肖[1]。夫唯大，故似不肖；若肖，久矣其细也夫。我有三宝，持而保之[2]：一曰慈，二曰俭，三曰不敢为天下先。慈故能勇。俭故能广[3]。不敢为天下先，故能成器长[4]。今舍慈且勇，舍俭且广，舍后且先，死矣。夫慈以战则胜，以守则固，天将救之，以慈卫之[5]。

【译 文】

老子说：天下人都说我的道是大的，但好像不美。正是因为它大，所以好像不美；如果美的话，那早就是细小的了。我有三个法宝，我掌握它们并珍视它们。第一是慈爱，第二是节俭，第三是不敢走在天下人的前头。慈爱，所以能勇敢；节俭，所以能富裕；不敢走在天下人的前头，所以能成众人的君长。如果舍弃慈爱而争取勇敢，舍弃节俭而争取富裕，舍弃退后而争取居先，那就要死亡了。特别是慈爱，用之于战争，就能胜利；用之于守卫，就能巩固。天道将要援救他，就一定要用慈爱来保卫他（而且善于保卫他）。

说 明

这一章是老子的军事论兼人生论、政治论。老子举出他的三个法宝，即慈爱、节俭、退让。认为使用这三个法宝则胜利，不用这三个法宝则失败。这三个法宝在人生、政治、军事三方面都是适用的。他特别强调慈爱在军事方面的积极作用。指出，慈爱“以战则胜，以守则固”，可以得到天道的支援和保卫。

注释

❶不肖，人不贤叫作不肖，道不美也叫作不肖。四十一章：“明道若昧。进道若退。夷道若颣。”与此文同义。

❷宝、保，河上公本、傅奕本均作“宝”。上“宝”字是名词，即法宝；下“宝”字是动词，当作法宝来用。

❸广，富裕。

❹器，在此处比喻人。器各有可用的条件，人各有可用的才能，可称为器。《庄子·胠箧》：“彼圣人者，天下之利器也。”可证。成器长即为众人的君长。（又疑“器”上脱“神”字，二十九章：“天下神器。”）

❺天，天道。老子所谓天道，即自然规律，有时指社会人事规律。此二句，《道藏》、河上公本作“天将救之，以善以慈卫之”。景福碑同。亨按：下句当作“以善卫之”，“以慈”二字乃衍文。当是一本作“以善”，一本作“以慈”，校者并记上了。下“以”字，犹且也。此二句是说天道将要救他，而且善于保卫他。

六十八章

【原 文】

善为士者不武[1]。善战者不怒[2]。善胜敌者不与[3]。善用人者为之下。是谓不争之德，是谓用人之力，是谓配天古之极［也］[4]。

【译 文】

老子说：善于做将帅的人不靠勇气。善于作战的人不靠强悍。善于战胜敌人的人不和敌人对阵。善于用人的人对人谦卑。这叫作不争的德行，这叫作善于使用人的力量，这叫作配合自然之道，是古代最高的法则。

说 明

这一章是老子的军事论与政治论。他认为：（一）军事家要精通战略战术，会用智谋，“以奇用兵”，所以“不武”“不怒”；（二）政治家要从政治上战胜敌人，“不以兵强于天下”，所以“不与”；（三）战争与守卫均依靠人民的力量，统治者对待人民要谦卑，“为之下”。他归纳为三个原则：“不争”“用人”“配天”。

注 释

❶士，王弼注：“士，卒之帅也。”武，勇气。

❷《广雅·释诂》：“怒，健也。”旧说：“怒，愤怒。”也通。

❸与，敌对。

❹“古”字，各本都在“天”字之下，“之极”二字之上，傅奕本、帛书甲乙本皆然。但此三本之末，皆有“也”字，这就不难理解，断为二句，即“是谓配天，古之极也”，文理便通顺了。

六十九章

【原 文】

用兵者有言[1]：“吾不敢为主而为客[2]，不敢进寸而退尺[3]。”是谓行无行，攘无臂，执无兵，扔无敌[4]。祸莫大于轻敌，轻敌几丧吾宝[5]。故抗兵相加[6]，则哀者胜矣[7]。

【译 文】

老子说：古代用兵的人有这样的话：“我不敢做主动发动战争的“主”，而做被迫进行战争的“客”。我不敢进攻别国领土一寸之近，可以退守本国领土一尺之远。”王侯能这样“守柔”，国家就没有战争。这就是说，在军事行动中，可以没有行伍，不用严阵（如李广）；可以不用缠起衣袖，露出胳臂，表现武打的架式；可以手里不拿兵器，可能不战而胜；要捉的敌人，可能根本没有了。这就是“柔弱胜刚强”的道理。如果真有敌人进攻，则万万不可轻视，灾祸没有比轻敌更大的了，轻敌就会丧失自身。两国举兵相加，受侵略而怀着悲愤心情的一方，就将打胜仗了。

说明

这一章是老子的军事论。主要论点：（一）不要发动侵略战争；（二）各国统治者都懂得“柔胜刚”的道理，天下将没有战争；（三）抗击侵略者绝不可轻视敌人；（四）反侵略的国家一定能战胜。

注释

❶“者”字，王弼本无，据傅奕本增。

❷主、客，主动地发动侵略战争的一方称主，被迫地进行自卫战争的一方称客。一说：侵入别国领土的军队称客，守卫本国领土的军队称主，与此文不同。

❸进、退，进指进攻别国领土，退指退守本国领土（战略上的后退）。

❹此四句，王弼本原作“是谓行无行，攘无臂，扔无敌，执无兵”。今依傅奕本、帛书甲乙本移正。上“行”字，走也。下“行”字，行伍。攘，缠好臂上衣袖，是战士的束装。兵，兵器。扔，引也，捉也。

❺河上公注：“宝，身也。”一说：“宝，指国家的土地、人民、主权。”

❻王弼注：“抗，举也。”

❼哀者胜，受侵略的国家，人们怀着悲痛的心情，与敌人拼死战斗，则必战胜。

七十章

【原 文】

吾言甚易知，甚易行，天下莫能知，莫能行。言有宗[①]。事有君[②]。夫唯无知，是以不我知。知我者希[③]，则我者贵[④]，是以圣人被褐怀玉[⑤]。

【译 文】

老子说：我的言论很容易了解，很容易实行，可是天下没人能了解，没人能实行。我的言论是有宗旨的，我所讲的事理是有纲领的，因为人们无知，所以不了解我。了解我的人稀少，要加害我的人都是贵人，我是很危险的，只好把我的珍贵的学说藏在肚里，装哑巴，装傻瓜了。所以圣人身上穿着粗衣，而怀里藏着美玉，我也向圣人学习吧！

说 明

这一章是老子的自我慨叹，突出地表明他的一种人生态度。他指出，我的学说本来有宗旨、有纲领，容易了解，容易实行；但是由于人们无知，所以不能了解，不能实行；尤其是当权的贵人反对我的学说，还要加害于我；因此，我只好闭口不谈，以免惹祸。春秋时代，奴隶制逐渐崩溃，奴隶主阶级逐渐没落。然而他们尚在垂死挣扎，顽固地维护奴隶制，妄图维护奴隶主的统治。老子反对并批判奴隶制度，主张取消人剥削人、人压迫人的阶级制度，倒退到原始社会。奴隶主自然要把老子的学说看成“异端”“邪说”，而加以迫害。这一章当是老子在受排挤、受威胁的环境中写出的。

注释

❶宗，宗旨，主张。

❷君，主也，指纲领。

❸希，读为“稀”，少也。

❹则，古“贼”字，害也。谓害我者，乃是尊贵的人。一说：则，效法。效法我者，将受到尊贵。又一说：知道我的人少了，说明我接近于道了，所以我就可贵了。按：道贵无名，末说近是。

❺被，读为“披”，穿在身上。《说文》：“褐，粗衣。”粗麻衣、粗布衣、粗毛衣均叫作褐，贫人所穿。怀，放在怀里。

七十一章

【原 文】

知不知，上①。不知知，病②。夫唯病病③，是以不病。圣人不病，以其病病。是以不病。

【译 文】

老子说：本来知道而自己认为不知道，是上等。不知道而自己认为知道，是病。正是因为承认这种病是病，所以不患这种病。圣人不患这种病，是因为他承认这种病是病，所以不患这种病。

说 明

这一章是老子的人生论，讲对于认识的态度。老子主张谦虚，反对骄傲。“知不知”是在自己知识方面的谦虚，所以老子赞扬它为“上”。“不知知”是在自己知识方面的骄满，所以老子贬斥它为“病”。老子常用朴素的辩证观点，去观察事物。自己认为知道，可能有主观片面的错误，而非真知。老子明白这一点，所以肯定了“知不知”。“有若无，实若虚”，是美德，而不是虚伪。

注 释

❶知不知，知之而自以为不甚知，表示谦虚。

❷不知知，本不知而自以为多知，不谦虚，不老实。

❸病病，上“病”字是动词，承认病；下“病”字是名词，是疾病。

七十二章

【原 文】

民不畏威，则大威至[1]。无狎其所居[2]，无厌其所生[3]。夫唯不厌，是以不厌[4]。是以圣人自知不自见[5]，自爱不自贵，故去彼取此[6]。

【译 文】

老子说：人民不怕统治者的威力，则统治者的威力就行不通了。统治者不要用威力的闸门把人民的居处封闭起来，不要用威力压迫人民的生活。只有统治者不用威力压迫人民，人民才不用暴力来压迫统治者。统治者用威力压迫人民，是没有自知之明，也不是自爱之道。因此，圣人有自知之明，而不凭借威力以表现自己；行自爱之道，而不仗恃威力以显示自己的高贵。所以他放弃后者，采用前者。

说 明

这一章是老子的政治论。他指出，人民不惧怕统治者的威力，所以统治者用威力压迫人民，是行不通的。而且人民也会用暴力进行反抗，所以统治者用威力压迫人民是自取失败。相反的是，统治者不用威力压迫人民，才是有自知之明，才是自爱之道。老子认识到人民的无畏精神（本章：“民不畏威。”七十四章：“民不畏死。”七十五章：“民之轻死。”），又认识到人民的反抗力量，是值得赞扬的。

注 释

❶至，读为“窒”，为“庢”。《说文》：“窒，塞也。”“庢，碍止也。”皆行不通之意。

❷狎，帛书乙本同，甲本作“闸”。按：“狎”借为“闸”。《说文》：“闸，开闭门也。”此是用作动词，即用闸门封闭。无闸其所居，不要封闭人民的住处，使他们自由活动。

❸厌，即压迫之压。

❹上“不厌”二字，指统治者不压迫人民。下“不厌”二字，指人民不用暴力以压迫统治者。

❺见，读为“现”，表现。

❻彼，指自见，自贵。此，指自知，自爱。

七十三章

【原 文】

勇于敢则杀。勇于不敢则活。此两者或利或害。天之所恶，孰知其故？［是以圣人犹难之。[①]］天之道，不争而善胜，不言而善应，不召而自来，繟然而善谋[②]。天网恢恢，疏而不失。

【译 文】

老子说：人勇于敢干则死，勇于不敢干则活。这两样，一个是有利，一个是有害。敢干是天道所厌恶的，谁知道它的缘故？天之道，不经斗争而善于胜利，不用说话而善于反应，不需召唤而自己到来，慢吞吞地而善于谋划。天的网很广大，也很稀疏，却不曾有什么漏失。

说 明

这一章是老子的人生论。主要阐述贵柔的主张。刚强人胆大，对于事敢干。柔弱人胆小，对于事不敢干。老子认为：敢干是死亡的道路，不敢干是生存的道路。他的理论根据是天道（宇宙事物的规律）厌弃敢干，维护不敢干，人们是不能抗拒或逃避的。他指出天道“善胜”“善应”“自来”“善谋”“恢恢，疏而不失”五个特点，来说明天道的不可抗拒、不可逃避。

注 释

❶此句，严遵本、景龙碑、龙兴观碑、帛书乙本均无（甲本缺）。今删去。犹，尚且。难之，难于知天。

❷繟，舒缓也。

七十四章

【原 文】

民不畏死，奈何以死惧之[①]？若使民常畏死，而为奇者吾得执而杀之[②]，孰敢[③]？常有司杀者杀[④]。夫代司杀者杀，是谓代大匠斫[⑤]。夫代大匠斫，希有不伤其手矣。

【译 文】

老子说：人民并不怕死，统治者为什么用死刑来威吓他们？如果人民经常怕死，而犯上作乱的人，我们可以抓住杀掉他，谁还敢犯上作乱呢？照例要有司杀者（天、自然）主宰杀。而那些硬要代司杀者（天、自然）胡乱杀人的人（统治者），这可以叫作硬要代替大工匠砍木头，而那些硬要代替大工匠砍木头的人，很少有不自伤其手的。

说 明

这一章是老子的政治论。他指出，人民不怕死，统治者用杀人的手段威吓人民，是无效的。薛蕙《老子集解》在本章末云："上言杀人之无益，此言杀人之有祸。"又引吴幼清曰："伺杀者，天也。唯天为能杀人，唯大匠为能斫木，人欲代天杀人，犹代大匠斫也。"按：老子以为人之生死，都决定于天，或道，或自然。此三者实则相属。老子说："天法道，道法自然。"（二十五章）若与此三者相反，就要死亡。故老子说："不道早已。"（五十五章）故以天、道、自然为司杀者。老子主张实现自然无为的政治，反对刑杀，故本章从"杀人无益"和"杀人有祸"两方面立论。

注释

❶惧之，使人民畏惧，即威吓人民。

❷奇，邪也，指犯上作乱。吾，代替统治者说话。

❸孰，谁也。

❹司杀者，指天而言，言天主生杀，人不能代天杀人，统治者不应处人以死刑，那是违反天道的。

❺大匠，工匠的首领。斫，砍木。

七十五章

【原 文】

民之饥，以其上食税之多[1]，是以饥。民之难治，以其上之有为，是以难治。民之轻死，以其上求生之厚[2]，是以轻死。夫唯无以生为者，是贤于贵生[3]。

【译 文】

老子说：人民饥饿，是因为他们的君上收取赋税多，所以饥饿。人民难于治理，是因为他们君上的“有为”（用许多繁苛的制度、法律、教育、文化等种种教条来统治人民），所以难于治理。人民不怕死（敢于造反），是因为他们的君上养生的物资太丰厚（饮食、衣服、宫室、车马、宝器、妻妾、乐舞、奴仆等，力求华美完备），所以不怕死。那么，君上不以个人的养生为事，则无此恶果，这是胜于贵生的。

说 明

这一章也是老子的政治论。他揭示了阶级社会的统治者的三大罪状：（一）残酷地剥削人民，使人民没有饭吃；（二）使用一套统治人民的工具来维护自身的权力，所以人民难治；（三）依靠剥削人民，过着荒淫享乐的生活，人民没法生活，所以敢于反抗而不怕死。这些都是由于统治者自私自利。因而老子最后指出，统治者不要重视个人生活。老子的言论初步触及了阶级社会的本质问题。

注 释

❶上，君上，下文同。食税，统治者取税以自养。

❷求生，又作生生。生生，犹养生也。

❸无以生为，不以养生为事，即不贵生。贤，犹胜也。

七十六章

【原 文】

人之生也柔弱，其死也坚强。万物草木之生也柔脆，其死也枯槁[1]。故坚强者死之徒，柔弱者生之徒[2]。是以兵强则不胜，木强则兵[3]，强大处下，柔弱处上。

【译 文】

老子说：人们活着的时候则筋肉柔弱，死了则筋肉坚硬。万物草木生则柔脆，死则枯槁。所以坚强是走向死亡的道路，柔弱是走向生存的道路。因此，自以为兵力坚强则不能战胜，树木坚强则将被砍伐，不能久存。以强大自居的人，最后要处在下面，以柔弱自居的人，最后要处在上面。

说 明

这一章是老子运用朴素的辩证观点，观察客观事物的柔弱与坚强既矛盾对立又相互转化的现象，从而得出结论：柔弱是生存的道路，坚强是死亡的道路；强大将处在下面，柔弱将处在上面。按：《老子》的贵柔学说，是有一定道理的；但若过分强调，他的观察则是有片面性的，先抱着“贵柔”的成见，而后专取柔弱有利、坚强无利的事物以为例证，放弃相反一面的事物而不谈，终将流入唯心论的泥坑。

注 释

❶万物，指有生命的东西，主要指动物。

❷徒，即途，道路也。

❸此二句，当作“兵强则不胜，木强则不恒”。恒，久也。

七十七章

【原 文】

天之道，其犹张弓与[①]！高者抑之，下者举之，有余者损之，不足者补之[②]。天之道损有余而补不足。人之道则不然，损不足以奉有余[③]。孰能有余以奉天下[④]？唯有道者。是以圣人为而不恃[⑤]，功成而不处[⑥]。其不欲见贤[⑦]。

【译 文】

老子说：自然界的规律，如同加弦于弓呀！弦位高则向下移，弦位低则向上移，弦有余则减损它，弦不足则增补它。自然界的规律是减损有余的东西，增补不足的东西。人类社会的制度就不这样，是掠夺财物不足的穷人，来供养财物有余的富人。谁能够拿出有余的财物，来供养天下人呢？只有“有道”的人。所以圣人把财物施予人而不占有，成就功业而不自居，他不愿意表现自己的贤能。

说 明

这一章也是老子的政治论。老子是一个丢官失禄的小吏，他活动于社会下层，通过正确而深刻地观察，把“天道”与“人道”进行对比，得出“天道”是大公无私，“人道”是大私无公的结论。他使用极其精简的语句，非常中肯地指出，“天之道损有余而补不足”“人之道损不足以奉有余”。的确，在奴隶社会里，占有生产资料的富裕的奴隶主剥削不占有生产资料的贫穷的奴隶，老子所说“人之道损不足以奉有余”，实际是整个阶级社会共同的基本法则。老子反对这个法则，主张统治者把生产资料给予生产者，以实现他想象中的无剥削的社会。这也体现了他的思想有一定的进步性。

注释

❶天之道，指自然界的规律。古人用弓前把弦加在弓上，叫作张；用完后把弦解下，叫作弛。与，读为“欤”，语气词。古人张弓，弦的位置高，则向下移；弦的位置低，则向上移；弦长有余，则剪去；弦短不足，则增补。

❷此四句是说自然界的一个规律。例如日初出则逐渐上升，日中天则逐渐下降。月初生则逐渐增益，至圆后则逐渐亏损。高地在逐渐减损而降低，洼地在逐渐增益而升高。一年四季，暖气在逐渐由低而高，又由高而低，由少而多，又由多而少。寒气也是这样。这就是所谓“高者抑之，下者举之，有余者损之，不足者补之”。老子认为这是自然界的一个规律。

❸人之道，指阶级社会的制度。阶级社会，财物有余的统治者剥削财物不足的被统治者，与自然界规律相反。

❹孰，谁也。

❺《广雅·释诂》：“为，施也。”即施予。恃，当借为“持”。帛书乙本“恃”作“又”，又，当借为“有”，占有也，意亦可通。

❻处，帛书甲本缺，乙本作“居”。处、居古通用，居功之意。

❼其，指圣人。见，读为“现”，表现。

七十八章

【原 文】

天下莫柔弱于水，而攻坚强者莫之能胜。其无以易之。柔之胜刚，弱之胜强，天下莫不知，莫能行。是以圣人云："受国之垢[1]，是谓社稷主。受国之不祥，是谓天下王。"正言若反[2]。

【译 文】

老子说：天下万物没有比水更柔弱的，然而攻击坚强的东西，没有能胜过水的。这个事实是无法改变的。柔的战胜刚的，弱的战胜强的，天下没有人不懂得，可是没有人能做到。因此圣人说："能接受国内人们的责怨，而在行动中改正的，这就称得起社稷之主。能接受国家的灾难，而在政治生活中艰苦奋斗，化灾难为安定的，这就称得起天下之王。"

说 明

这一章是老子的军事论。老子先用一个比喻指出，最柔弱的水能够战胜最坚强的东西。接着讲到社会人事，天下人都知道柔弱战胜刚强的客观规律，然而都不能做到。他最后指出，能够接受国人的责怨，承担国家的灾难，而又能转危为安的人，才叫作侯王。这就把贵柔的哲学，运用到军事上了。

注 释

❶受，承担。垢，责怨。

❷正言若反，亨按：此句疑是后人注语，不是《老子》本文，故不译。

七十九章

【原 文】

和大怨，必有余怨[①]，安可以为善？是以圣人执左契而不责于人[②]。有德司契，无德司彻[③]。天道无亲[④]，常与善人[⑤]。

【译 文】

老子说：调和大的仇怨，必定有剩余的仇怨，怎么可以叫好呢？所以圣人根本不和人结怨，更不结大怨，就像掌握着借贷财物的契据存根——左契却不向人追索。有德的人只掌握着契据，无德的人只管追索。追索将引起仇怨，招致凶灾。人有时疑惑吉凶在天道，其实天道对人没有亲疏之别，永远帮助善人。

说 明

这一章是老子的人生论及政治论。所谓“圣人执左契而不责于人。有德司契，无德司彻”，等于把财物送给别人。例如放债不要利息，更不收还，等于把钱送给别人。这是老子的一个处世原则。他认为这样做可以避免和人结下仇怨，可以得到天道的帮助，这是他的理论根据。他这个原则应用在政治方面，则是取消阶级社会的剥削制度。简单地说，即统治者把土地看作自己所有，分给农民耕种，登记在户口簿上，但不收回土地，也不剥削农民的谷物。这不是取消了剥削制度吗？统治者不剥削人民，则人民不恨他，这不是避免了与人民结下仇怨吗？人民对他没有仇怨，就拥护他，他就可以平安地坐在统治宝座之上，没有凶灾，得到天道的帮助了。这完全是空想。统治者如果不剥削，就会饿死，还能坐在宝座上吗？

注释

❶和，调和。余，剩余。

❷契，即契券。古代借贷财物（如金钱、粮米等）均用契券。契券用竹木制成，中间刻横画，两边刻相同的文字，记财物的名称和数量等，劈为两片。左片称左契，刻有借贷人姓名，由财物主保存；右片称右契，刻有财物主的姓名，由借贷人保存。索物还物时，以两契相合为凭据。《说文》："责，求也。"追索借出的物为责。这句是说：圣人拿着左契，本有向借贷人追索财物的权力，但他不追索。

❸彻，取也，即索取财物。

❹天道，宇宙事物的规律。

❺《吕氏春秋·乐成》高诱注："与，助也。"

八十章

【原 文】

小国寡民，使民有什佰之器而不用[①]，使民重死而不远徙[②]。虽有舟舆，无所乘之[③]。虽有甲兵，无所陈之[④]。使民复结绳而用之[⑤]。甘其食，美其服，安其居，乐其俗，邻国相望，鸡犬之声相闻，民至老死不相往来。

【译 文】

老子说：国家要小，人民要少。使人民有功效十倍百倍的器械而不使用（不要进步的器械）。使人民重视死亡，而不迁移远方（不肯冒险，安于故乡）。虽然有船和车，没有地方使用（不要交通工具）。虽然有佩带盔甲的兵，没有敌人摆列阵势。使人民再结绳而用来记事（不要文字）。使人民认为他们的饮食香甜，认为他们的衣服美好，认为他们的住宅安适，喜欢他们的风俗习惯（满意于朴素简单的生活）。邻国彼此可以互相望见，鸡犬的声音彼此可以互相听到，而两国人民直到老死不互相往来。

说 明

这一章是老子的政治论，描写他想象中的社会。这个社会国家小、人民少，相当于原始时代的小部落；既不提高物质生活，也不发展文化生活，人民无欲无知，满意于朴素简单的生活条件和环境，所以没有乱事；国与国之间没有战争，异国人民也不相往来。这很明显是倒退到没有阶级的原始社会。老子处于由奴隶社会向封建社会过渡的大动荡、大战乱的时代，此时已经有了不少大国，有了“什佰之器”“舟舆”“甲兵”，有了文字，有了激烈的阶级斗争，有了频繁的战争。人民不满意于他们的“食”“服”“居”“俗”；不“重死”，敢于犯上作乱、暴动起义；常常“远徙”，逃亡到别国。老子正是针对当时的现实，提出他的想象。这种想象当然是复古倒退的。但是老子的动机是反对奴隶制，反对一个阶级剥削压迫另一个阶级，尚有积极意义。老子的想象就是他的政治目标，他的一切政治主张都是为这个目标服务的。

注 释

❶“使”下“民”字，王弼本无，傅奕本有，今据补。“什佰之器”，河上公本作“什佰人之器”，帛书甲本作“十百人器”，乙本作“十百人之器”。亨按：当从乙本。“十百人之器”，指功效十倍百倍的器械，如用弓箭打猎或战争便是。老子主张不用进步的器械。

❷徙，迁移。

❸舆，帛书甲乙本均作“车”。车、舆古通用。乘，坐船或坐车。

❹陈，古“阵”字。这里用作动词，指摆列阵势。

❺民，王弼本作“人”，傅奕本、帛书乙本均作“民”（甲本缺），今据改。复，再也。结绳，上古无文字，结绳以记事，最初只用绳结记物的数量，之后也能表示物的性质。

八十一章

【原 文】

信言不美，美言不信①。善者不辩，辩者不善②。知者不博，博者不知③。圣人不积④，既以为人己愈有，既以与人己愈多⑤。天之道利而不害，圣人之道为而不争⑥。

【译 文】

老子说：诚实的言谈不华丽，华丽的言谈不诚实。美善的言谈不巧辩，巧辩的言谈不美善。有真知识的人可能不广博，知识广博的人不一定有真知识。道家的圣人不积累财物，他尽量用财物帮助人，而自己却越加富有；尽量把财物赠予他人，而自己拥有的却越发增多（因为得到众人的支持）。圣人这样做，是效法天道的。天之道是利物而不害物，圣人之道是帮助人而不与人争夺。

说 明

这一章老子运用朴素的辩证观点来观察事物。言的“信”与“美”，是对立统一的，而老子在本章却强调对立；言的“善”与“辩”，是对立统一的，而老子在本章也强调对立；知的“精”与“博”，是对立统一的，而老子在本章还是强调对立；但不能因此章而否定老子哲学中统一的一面，第二章“有无相生”便是证明。至于下文关于财物的有无，也是对立统一的明证。尽以财物赠予他人，而自己却拥有得越多，这不是对立统一的哲学道理吗？

注 释

❶信，诚实。美，华丽。

❷此二句两“者”字，傅奕本作“言”，帛书甲乙本均作“者”。按：傅本较好。但也无需改，以免与上文重。善言，好话。

❸知者，由于专一，故不广博。博者，所接触者广，故不能深知。

❹不积，指不积累财物。

❺上“既”字，《战国策·魏策》引作“尽”。《广雅·释诂》：“既，尽也。”下“既”字义同。为，施也，即施予。与，帛书乙本作“予”。按：与，即予，给予。

❻为，帮助。

附录

评论近人考据老子年代的方法

胡适

一

近十年来，有好几位我最敬爱的学者很怀疑老子这个人和那部名为《老子》的书的时代。我并不反对这种怀疑的态度；我只盼望怀疑的人能举出充分的证据来，使我们心悦诚服地把老子移后，或把《老子》书移后。但至今日，我还不能承认他们提出了什么充分的证据。冯友兰先生说得最明白：

> 不过我的主要的意思是要指明一点：就是现在所有的以《老子》之书是晚出之诸证据，若只举其一，则皆不免有逻辑上所谓“丐辞”之嫌。但合而观之，则《老子》一书之文体、学说，及各方面之旁证，皆可以说《老子》是晚出，此则必非偶然也。

这就是等于一个法官对阶下的被告说：

> 现在所有原告方面举出的诸证据，若逐件分开来看，

> 都“不免有逻辑上所谓‘丐辞’之嫌”，但是“合而观之”，这许多证据都说你是有罪的，“此则必非偶然也”。所以本法庭现在判决你是有罪的。

积聚了许多逻辑上所谓“丐辞”，居然可以成为定案的证据，这种考据方法，我不能不替老子和《老子》书喊一声“青天大老爷，小的有冤枉上诉!”聚蚊可以成雷，但究竟是蚊不是雷；证人自己已承认的“丐辞”，究竟是“丐辞”，不是证据。

二

我现在先要看看冯友兰先生说的那些“丐辞”是不是“丐辞”。在论理学上，往往有人把尚待证明的结论预先包含在前提之中，只要你承认了那前提，你自然不能不承认那结论了：这种论证叫作丐辞。譬如有人说：“灵魂是不灭的，因为灵魂是一种不可分析的简单物质。”这是一种丐辞，因为他还没有证明：（1）凡不可分析的简单物质都是不灭的；（2）灵魂确是一种不可分析的简单物质。

又如我的朋友钱玄同先生曾说过：“凡过了四十岁的人都该杀。”假如有人来对我说：“你今年四十一岁了，你该自杀了。”这也就成了一种丐辞，因为那人得先证明：（1）凡过了四十岁的人在社会上都无益而有害；（2）凡于社会无益而有害的人都该杀。

丐辞只是丐求你先承认那前提，你若接受那丐求的前提，就不能不接受它的结论了。

冯友兰先生提出了三个证据，没有一个不是这样的丐辞。

（一）“孔子以前无私人著述之事”，所以《老子》书是孔子以后的作品。你若承认孔子以前果然无私人著述之事，自然不能不承认《老子》书是晚出的了。但是冯先生应该先证明《老子》确是出于孔子之后，然后可以得“孔子以前无私人著述”的前提。不然，我就可以说：“孔子以前无私人著述，《老子》之书是什么呢?”

（二）“《老子》非问答体，故应在《论语》《孟子》后”。这更是丐辞了。这里所丐求的是我们应该先承认“凡一切非问答体的书都应在《论语》《孟子》之后”一个大前提。《左传》所引的史佚周任《军志》的话，《论语》所引周任的话，是不是问答体呢?《论语》本身的大部分，是不是问答体呢?（《论语》第一篇共十六章，问答只有两章；第四篇共二十六章，问答只有一章；第七篇共三十七章，问答只有七章。其余各篇，也是非问答体居多数。）《周易》与《诗》三百篇似乎也得改在《论语》《孟子》之后了。

（三）“《老子》之文为简明之‘经’体，可见其为战国时之作品”。这更是丐辞了。这里所丐求的是我们先得承认“凡一切简明之‘经’体都是战国时的作品”一个大前提。至于什么是“简明之‘经’体”，更不容易说了。“道可道，非常道；名可名，非常名”是“经”体。那么“道之以政，齐之以刑，民免而无耻；道之以德，齐之以礼，有耻且格”，这就不是“简明之‘经’体”了吗?所以这里还有一个丐辞。就是我们还得先承认，“《论语》虽简明而不是‘经’体；《左传》所引《军志》周任的话虽简明也不是‘经’体；只有《老子》一类的简明文体是战国时产生的‘经’体”。我们能不能承认呢?

三

还有许多所谓证据，在逻辑上看来，它们的地位也和上文所引的几条差不多。我现在把它们总括作几个大组。

第一组是从“思想系统”上或“思想线索”上，证明《老子》之书不能出于春秋时代，应该移在战国晚期。梁启超、钱穆、顾颉刚诸先生都曾有这种论证。这种方法可以说是我自己“始作俑”的，所以我自己应该负一部分的责任。我现在很诚恳地对我的朋友们说：这个方法是很有危险性的，是不能免除主观的成见的，是一把两面锋的剑可以两边割的。你的成见偏向东，这个方法可以帮助你向东；你的成见偏向西，这个方法可以帮助你向西。如果没有严格的自觉的批评，这个方法的使用绝不会有证据的价值。

我举一个最明显的例子。《论语》里有孔子颂赞“无为而治”的话，最明白无疑的是：

> 无为而治者，其舜也欤？夫何为哉？恭己正南面而已矣。(《论语》十五)

这段话大概是梁、钱、顾诸先生和我一致承认为可靠的。用这段话作出发点，可以得这样相反的两种结论：

(1)《论语》书中这样推崇“无为而治”，可以证明孔子受了老子的影响；——这就是说，老子和《老子》书在孔子之前。

(2)顾颉刚先生却得着恰相反的结论：“《论语》的话尽有甚似《老子》的。如《颜渊》篇中季康子的三问（适按：远不如引《卫灵公》篇的“无为而治”一章），这与《老子》上的‘以正治国’……‘我无为而民自化’……‘民之难治，以其上之有为，是以难治’何等相像！……若不是《老子》的作者承袭孔子的见解，就是他们的思想偶然相合。”

同样的用孔子说“无为”和《老子》说“无为”相比较，可以证《老子》在孔子之前，也可以证《老子》的作者在三百年后承袭孔子！所以我说，这种所谓“思想线索”的论证法是一把两面锋的剑，可以两边割的。

钱穆先生的《关于〈老子〉成书年代之一种考察》（《燕京学报》第七期）完全是用这种论证法。我曾指出他的方法的不精密，如他说：

> 以思想发展之进程言，则孔、墨当在前，老、庄当在后。否则老已先发道为帝先之论，孔、墨不应重为天命天志之说。何者？思想上之线索不如此也。

我对他说：

> 依此推断，老、庄出世之后，便不应有人重为天命天志之说了吗？难道这二千年中之天命天志之说，自董仲舒、班彪以下，都应该排在老、庄以前吗？这样的推断，何异于说，“几千年来人皆说老在庄前，钱穆先生不应说老在庄后。何者？思想上之线索不如此也？”

思想线索是最不容易捉摸的。如王充在一千八百多年前，已有了很有力的无鬼之论；而一千八百年来，信有鬼论者何其多也！如荀卿已说“天行有常，不为尧存，不为桀亡”，而西汉的儒家大师斤斤争说灾异，举世风靡，不以为妄。又如《诗经》的小序，经宋儒的攻击，久已失其信用，而几百年后的清朝经学大师又都信奉毛传及序，不复怀疑。这种史事，以思想线索来看，岂不都是奇事？说得更大一点，中国古代的先秦思想已达到很开明的境界，而西汉一代忽然又陷入幼稚迷信的状态；希腊的思想已达到了很高明的境界，而中古的欧洲忽然又长期陷入黑暗的状态；印度佛教也达到了很高明的境界，而大乘的末流居然沦入很黑暗的迷雾里。我们不可以用后来的幼稚来怀疑古代的高明，也不可以用古代的高明来怀疑后世的堕落。

最奇怪的是一个人自身的思想也往往不一致，不能依一定的线索去寻求。十余年前，我自己曾说，《老子》书里不应有“天地相合以降甘露”一类的话，因为这种思想“不合老子的哲学”。我也曾怀疑《论语》里不应有“凤鸟不至，河不出图，吾已矣夫”一类的话。十几年来，我稍稍阅历世事，深知天下事不是这样简单。现代科学大家如洛箕也会深信有鬼，哲学大家如詹姆士也会深信宗教。人各有最明白的地方，也各有最懵懂的地方；在甲点上他是新时代的先驱者，在乙点上他也许还是旧思想的产儿。所以苏格拉底因怀疑旧信仰而受死刑，他临死时最后一句话却是托他的弟子向医药之神厄斯克勒比还一只鸡的许愿。

我们明白了这点很浅近的世故，就应该对于这种思想线索的论证稍稍存一点谨慎的态度。寻一个人的思想线索，尚且不容易，何况用思想线索来考证时代的先后呢？

四

第二组是用文字、术语、文体等来证明《老子》是战国晚期的作品。这个方法，自然是很有用的。孔子时代的采桑女子不应该会做七言绝句，关羽不应该会吟七言律诗，这自然是无可疑的。又如《关尹子》里有些语句太像佛经了，绝不是佛教输入以前的作品。但这个方法也是很危险的，因为：（1）我们不容易确定某种文体或术语起于何时；(2) 一种文体往往经过很长期的历史，而我们也许只知道这历史的某一部分；(3) 文体的评判往往不免夹有主观的成见，容易错误。试举例子说明如下：

梁启超先生曾辨《牟子理惑论》为伪书，他说：

> 此书文体，一望而知为两晋、六朝乡曲人不善属文者所作，汉贤决无此手笔，稍明文章流别者自能辨之。(《梁任公近著》第一辑，中卷，页二二)

然而《牟子》一书，经周叔迦先生（《牟子丛残》）和我（《论牟子书》，《北平图书馆馆刊》五卷四号）的考证，证明是汉末的作品，绝无可疑。即以文体而论，我没有梁先生的聪明，不能“一望而知”，但我细读此书，才知道此书的“文字甚明畅谨严，时时作有韵之文，也都没有俗气。此书在汉、魏之间可算是好文字”。同是一篇文字，梁启超先生和我两人可以得这样绝相反的结论，这一件事不应该使我们对于文体的考证价值稍稍存一点谨慎的态度吗？

梁先生论《牟子》的话，最可以表明一般学者轻易用文体作考证标准的危险。他们预先存了一种主观的谬见，以为“汉贤”应该有何种“手笔”，两晋人应该作何种佳文，六朝人应该有何种文体，都可以预先定出标准来。这是根本的错误。我们同一时代的人可以有百十等级的“手笔”；同作古文，同作白话，其中都可以有能文不能文的绝大等差。每一个时代，各有同样的百十等级的手笔。班固与王充同时代，然而《论衡》与《汉书》何等不同！《论衡》里面也偶有有韵之文，比起《两都赋》又何等不同！所谓“汉贤手笔”，究竟用什么作标准呢？老实说来，这种标准完全是主观的。完全是梁先生或胡某人读了某个作家而悬想的标准。这种标准是没有多大可靠性的。

假如我举出这两句诗：

> 历览前贤国与家，成由勤俭败由奢。

你们试猜，这是什么时代的诗？多数人一定猜是明末的历史演义小说里的开场诗。不知道此诗的人绝不会猜这是李商隐的诗句。又如寒山、拾得的白话诗，向来都说是初唐的作品，我在十年前不信此说，以为这种诗体应该出在晚唐。但后来发现了王梵志的白话诗，又考出了王梵志是隋唐间人，我才不敢坚持把寒山、拾得移到晚唐的主张了。近年敦煌石窟所藏的古写本书的出现，使我们对于文体的观念起一个根本的变化。有好些俗文体，平常认为后起的，敦煌的写本里都有很早出的铁证。如敦煌残本《季布歌》中有这样的句子：

> 季布惊忧而问曰：只今天使是何人？
> 周氏报言官御史，姓朱名解受皇恩。

如敦煌残本《昭君出塞》有这样的句子：

> 昭军（君）昨夜子时亡，突厥今朝发使忙。
> 三边走马传胡命，万里非（飞）书奏汉王。

这种文体，若无敦煌写本作证，谁不"一望而知"绝不是"唐贤手笔"。

总而言之，同一个时代的作者有巧拙的不同，有雅俗的不同，有拘谨与豪放的不同，还有地方环境（如方言之类）的不同，绝不能由我们单凭个人所见材料，悬想某一个时代的文体是应该怎样的。同是记苏格拉底的死，而柏拉图记得何等生动细致，色诺芬记得何等朴素简拙！我们不能拿柏拉图来疑色诺芬，也不能拿色诺芬来疑柏拉图。

闲话少说，言归《老子》。冯友兰先生说《老子》的文体是“简明之‘经’体”，故应该是战国时作品（说见上）。但顾颉刚先生说：“《老子》一书是用赋体写出的，然而赋体固是战国之末的新兴文体呵！”同是一部书，冯先生侧重那些格言式的简明语句，就说他是“经体”；顾先生侧重那些有韵的描写形容的文字，就可以说他是“用赋体写出的”。单看这两种不同的看法，我们就可以明白这种文体标准的危险性了。

我们可以先看看顾先生说的“赋体”是个什么样子。他举荀卿的《赋篇》作例，《赋篇》现存五篇，其题为礼、知、云、蚕、箴。总观此五篇，我们可以明白当时所谓“赋”，只是一种有韵的形容描写。其体略似后世的咏物诗词，其劣者略似后世的笨谜。顾先生举荀卿的《云赋》作例，他举的语句如下：

> 忽兮其极之远也，攭兮其相逐而反也，卬卬兮天下之咸蹇也。德厚而不捐，五采备而成文。往来惽憊，通于大神。出入甚极，莫知其门。天下失之则灭，得之则存。

这是荀子的“赋体”。顾先生说：

> 此等文辞实与《老子》同其形式。

他举《老子》第十五章和二十章作例：

> 豫焉（河上公本作“与兮”）若冬涉川，犹兮若畏四邻，俨兮其若容（河上公本作“客”），涣兮若冰之将释，敦兮其若朴，旷兮其若谷，浑兮其若浊。（《老子》十五）
>
> 我独泊兮其未兆，如婴儿之未孩，儽儽兮若无所归……澹兮其若海，飂兮若无止……（《老子》二十）

这是《老子》的“赋体”。

顾先生又说《老子》这两章的文体又很像《吕氏春秋》的《士容》和《下贤》两篇，我们也摘抄那两篇的一部分：

> 故君子之容……淳淳乎谨慎畏化而不肯自足，乾乾乎取舍不悦而心甚素朴。（《士容》）
>
> 得道之人，貇乎其诚自有也，觉乎其不疑有以也，桀乎其必不渝移也，循乎其与阴阳化也，匆匆乎其心之坚固也，空空乎其不为巧故也……昏乎其深而不测也……（《下贤》）

这是《吕氏春秋》的“赋体”。

顾先生说：

> 这四段文字，不但意义差同，即文体亦甚相同，形容词及其形容的姿态亦甚相同，惟助词则《老子》用“兮”，《吕书》用“乎”为异。大约这是方言的关系。

我们看了顾先生的议论，可以说，他所谓“文体”或“形式”上的相同，大概不外乎下列几点：

（1）同是形容描写的文字。

（2）同用有“兮”字或“乎”字语尾的形容词。

（3）“形容词及其形容的姿态亦甚相同”。

依我看来，这些标准都不能考订某篇文字的时代。用这种带“兮”字或“乎”字的形容词来描写人物，无论是韵文或散体，起源都很早。最早的如春秋早期的《鄘风·君子偕老》诗，《卫风·硕人》诗，《齐风·猗嗟》诗，都是很发达的有韵的描写形容。在《论语》里，我们也可以见着这种形容描画的散文：

> 子曰，大哉尧之为君也！巍巍乎，惟天为大，惟尧则之。荡荡乎，民无能名焉。巍巍乎，其有成功也。焕乎其有文章。（《论语》八）
>
> 子曰，巍巍乎，舜禹之有天下也而不与焉。（《论语》八）

我们试用这种语句来比《荀子》的《赋篇》和《吕氏春秋》的《士容》《下贤》两篇，也可以得到“形容词及其形容的姿态亦甚相同”的结论。你瞧：

（《论语》）巍巍乎，惟天为大，惟尧则之。
荡荡乎，民无能名焉。
巍巍乎，其有成功也。
焕乎其有文章。
（《老子》）涣兮若冰之将释。

儽儽兮若无所归，
淡乎（《文子·道德篇》引作“淡兮”）其无味。
（《荀子》）忽兮其极之远也。
卬卬兮天下之咸蹇也。
（《吕览》）淳淳乎谨慎畏化而不肯自足。
乾乾乎取舍不悦而心甚素朴。
桀乎其必不渝移也。
匆匆乎其心之坚固也。
空空乎其不为巧故也。
昏乎其深而不测也。

这些形容词及其形容的姿态，何等相同！何等相似！其中《论语》与《吕览》同用“乎”字，更相像了。

如果这等标准可以考订《老子》成书的年代，那么，我们也可以说《论语》成书也该移在吕不韦时代或更在其后了！

文体标准的不可靠，大率如此，这些例证应该可以使我们对于这种例证存一点特别戒惧的态度。

至于摭拾一二个名词或术语来作考证年代的标准，那种方法更多漏洞，更多危险，顾颉刚先生与梁启超先生都曾用此法。如顾先生说：

更就其所用名词及仂语观之：“公”这一个字，古书中只用作制度的名词（如公侯，公田等）。没有用作道德的名词的（如公忠、公义等）。《吕氏春秋》有《贵公》篇，又有“清净以公”等句，足见这是战国时新成立的道德名词。《荀子》与吕书同其时代，故书中言“公”的也很多。可见此种道德在荀子时最重视。《老子》言“容乃公，公乃王”（十六章）正与此同。（《史学年报》四，页二五）

然而《论语》里确曾把“公”字作道德名词用：

宽则得众，信则民任焉，敏则有功，公则悦。（《论语》二十）

《老子》书中有“公”字，就应该减寿三百年。《论语》也有“公”字，也应该减寿三百年，贬在荀卿与吕不韦的时代了。

任公曾指出“仁义”对举仿佛是孟子的专卖品，然而他忘了《左传》里用仁义对举已不止一次了（如庄二十二年，如僖十四年）。任公又曾说老子在春秋时不应该说“侯王”“王公”“王侯”“取天下”“万乘之主”等名词。然而《周易》蛊卦已有“不事王侯”，坎卦彖辞与离卦彖辞都有“王公”了。《论语》常用“天下”字样，如“管仲一匡天下”，如“禹稷躬稼而有天下”，如“泰伯三以天下让”，其实稷何尝有天下？泰伯又哪有“天下”可让？《老子》书中有“取天下”也不过此种泛称，有何可怪？“天下”“王”等名词既可用，为什么独不可用“万乘之主”？《论语》可以泛说“道千乘之国”，《老子》何以独不可泛说“万乘之主”呢？（河上公注：“万乘之主谓王。”）凡持此种论证者，胸中往往先有一个“时代意识”的成见，此种成见最为害事。孔子时代正是诸侯力征之时，岂可以高谈“无为”？然而孔子竟歌颂“无为而治”，提倡“居敬而行简”之政治，时代意识又在哪里呢？

五

最后，我要讨论顾颉刚先生的《从〈吕氏春秋〉推测〈老子〉之成书年代》的考据方法。此文的一部分，我在上节已讨论过了。现在我要讨论的是他用《吕氏春秋》引书的“例”来证明吕不韦著书时《老子》还不曾成书。

顾先生此文的主要论证是这样的：

第一，《吕氏春秋》“所引的书是不惮举出它的名目的。所以书中引的《诗》和《书》甚多，《易》也有，《孝经》也有，《商箴》《周箴》也有，皆列举其书名。又神农、黄帝的话，孔子、墨子的话，……亦皆列举其人名”。这是顾先生说的《吕书·引书例》。

第二，然而“《吕氏春秋》的作者用了《老子》的文词和大义这等多，简直把五千言的三分之二都吸收进去了，但始终不曾吐出这是取材于《老子》的”。

因此，顾先生下了一个假设：“在《吕氏春秋》著作的时代，还没有今本《老子》存在。”

我对于顾先生的这种考据方法，不能不表示很深的怀疑。我现在把我的怀疑写出来供他的考虑。

第一，替古人的著作作“凡例”，那是很危险的事业，我想是劳而无功的工作，古人引书，因为没有印本书，没有现代人检查的便利；又因为没有后世学者谨严的训练，错落几个字不算什么大罪过，不举出书名和作者也不算什么大罪过，所以没有什么引书的律例可说。如《孟子》引孔子的话，其与《论语》可以相对勘的几条之中，有绝对谨严不异一字的（如卷三，“里仁为美，择不处仁，焉得智”）；有稍稍不同的（如卷五“大哉尧之为君”一章）；有自由更动了的（如卷五“君薨听于冢宰”一章，又卷六“阳货欲见孔子”一章，又卷十四“孔子在陈”一章）；也有明明记忆错误的（如卷三“夫子圣矣乎”一段，对话的人《论语》作公西华，《孟子》作子贡，文字也稍不同。又如卷五“生事之以礼，死葬之以礼，祭之以礼”，《论语》作孔子告樊迟的话，而《孟子》作曾子说的话）。我们若试作《孟子》引书凡例，将从何处作起？

即以《吕氏春秋》引用《孝经》的两处来看，就有绝对不同的义例：

（1）《察微》篇（卷十六）

> 《孝经》曰：高而不危，所以长守贵也。满而不溢，所以长守富也。富贵不离其身，然后能保其社稷而和其民人。（《孝经》“诸侯”章）

（2）《孝行览》（卷十四）

> 故爱其亲不敢恶人，敬其亲不敢慢人。爱敬尽于事亲，光耀加于百姓，究于四海。此天子之孝也。（《孝经》“天子”章）

前者明举“《孝经》曰”，而后者不明说是引《孝经》，《吕氏春秋》的“引书例”究竟在哪里？

第二，顾先生说《吕氏春秋》“简直把《老子》五千言的三分之二都吸收进去了”，这是骇人听闻的控诉！我也曾熟读五千言，但我读《吕氏春秋》时，从不感觉“到处碰见”《老子》。所以我们不能不检查顾先生引用的材料是不是真赃实据。

顾先生引了五十三条《吕氏春秋》，其中共分几等：

（甲）他认为与《老子》书“同”的，十五条。

（乙）他认为与《老子》书“义合”的或“意义差同”的，三十五条。

（丙）他认为与《老子》书“甚相似”的，二条。

（丁）他认为与《老子》书“相近”的，一条。

最可怪的是那绝大多数的乙项“义合”三十五条。“义合”只是意义相合，或相近。试举几个例：

> （1）为道日损，损之又损，以至于无为。（《老子》四八章）
>
> 故至言去言，至为无为。（《吕·精论》篇）
>
> （2）不自见故明。（《老子》二二章）自见者不明。（《老子》二四章）
>
> 去听无以闻则聪。去视无以见则明。（《吕·任数》篇）
>
> （3）重为轻根。……是以圣人终日行不离轴重。（《老子》二六章）
>
> 以重使轻，从。（《吕·慎势》篇）

这种断章取义的办法，在一部一百六十篇的大著作里，挑出这种零碎句子，指出某句与某书“义合”，已经是犯了“有意周内”的毛病了。如第（3）例，原文为：

> 故以大畜小，吉；以小畜大，灭；以重使轻，从；以

轻使重，凶。

试读全篇（《慎势》篇），乃是说，“欲定一世，安黔首之命……其势不厌尊，其实不厌多”。国愈大，势愈尊，实力愈多，然后成大业愈易。所以滕、费小国不如邹、鲁，邹、鲁不如宋、郑，宋、郑不如齐、楚。“所用弥大，所欲弥易”。此篇的根本观念，和《老子》书中的“小国寡民”的理想可说是绝对相反。顾先生岂不能明白此篇的用意？不幸他被成见所蔽，不顾全篇的“义反”，只寻求五个字的“义合”，所以成了“断章取义”了！他若平心细读全篇，就可以知道“以重使轻，从”一句和《老子》的“重为轻根，静为躁君”一章绝无一点“义合”之处了。

其他三十多条“义合”，绝大多数是这样的断章取义，强为牵合。用这种牵合之法，在那一百六十篇的《吕氏春秋》之内，我们无论要牵合何人何书，都可以寻出五六十条“义合”的句子。因为《吕氏春秋》本是一部集合各派思想的杂家之言。无论是庄子、荀子、墨子、慎到、韩非，（是的，甚至于韩非！）都可以在这里面寻求“义合”之句。即如上文所举第（1）例的两句话，上句“至言去言”何妨说是“义合”于《论语》的“予欲无言”一章？下句“至为无为”何妨说是“义合”于《论语》的“无为而治”一章？

所以我说，“义合”的三十多条，都不够证明什么，都不够用作证据，至多只可说有几条的单辞只字近于今本《老子》而已。

再看看顾先生所谓“同”或“甚相似”的十几条。这里有三条确可以说是“同”于《老子》的。这三条是：

（4）大智不形，大器晚成，大音希声。（《吕·乐成》篇）

大器晚成，大音希声，大象无形。(《老子》四一章)

(5) 故祸兮福之所倚，福兮祸之所伏。圣人所独见，众人焉知其极？(《吕·制乐》篇)

祸兮福之所倚，福兮祸之所伏。孰知其极？(《老子》五八章)

(6) 故曰，不出户而知天下，不窥于牖而知天道。其出弥远者其知弥少。(《吕·君守》篇)

太上反诸己，其次求诸人，其索之弥远者其推之弥疏，其求之弥强者失之弥远。(《吕·论人》篇)

不出于门户而天下治者，其惟知反于己身者乎？(《吕·先己》篇)

不出户，知天下；不窥牖，见天道。其出弥远，其知弥少。(《老子》四七章)

除了这三条之外，没有一条可说是“同”于《老子》的了。试再举几条顾先生所谓“同”于《老子》的例子来看看：

(7) 道也者，视之不见，听之不闻，不可为状。有知不见之见，不闻之闻，无状之状者，则几于知之矣。道也者，至精也，不可为形，不可为名。强为之，谓之太一。(《吕·大乐》篇)

视之不见名曰夷，听之不闻名曰希，搏之不得名曰微。此三者不可致诘，故混而为一。其上不皦，其下不昧，绳绳不可名，复归于无物。是谓无状之状，无物之象。是为惚恍。……(《老子》十四章)

有物混成，先天地生。寂兮寥兮，独立不改，周行而

不殆，可以为天下母。吾不知其名，字之曰道，强为之名曰大。（《老子》二五章）

（8）天地大矣，生而弗子，成而弗有，万物皆被其泽，得其利，而莫知其所由始。（《吕·贵公》篇）

全乎万物而不宰，泽被天下而莫知其所自始。（《吕·审分》篇）

万物作焉而不辞，生而不有，为而不恃。（《老子》二章）

生之畜之，生而不有，为而不恃，长而不宰。（《老子》十章）

大道泛兮其可左右，万物恃之而生而不辞，功成不名有，衣养万物而不为主。（《老子》三四章）

（9）天下，重物也，而不以害其生，又况于它物乎？惟不以天下害其生者也，可以托天下。（《吕·贵生》篇）

故贵以身为天下，若可寄天下。爱以身为天下，若可托天下。（《老子》十三章）

（适按：《老子》此章以有身为大患，以无身为无患，与《贵生》篇义正相反。但《吕》书《不侵》篇也曾说："天下轻于身，而士以身为人。以身为人者如此其重也！"必须有此一转语，《吕》书之意方可明了。）

这几条至多只可以说是每条有几个字眼颇像今本《老子》罢了。此外的十多条，都是这样的单辞只字的近似，绝无一条可说是"同"于《老子》或"甚相似"。如《行论》篇说：

诗曰："将欲毁之，必重累之。将欲踣之，必高举之。”其此之谓乎？

顾先生说，“这两句诗实在和《老子》三十六章太吻合了”。《老子》三十六章说：

将欲歙之，必固张之。将欲弱之，必固强之。将欲废之，必固兴之。将欲夺（《韩非·喻老》篇作“取”）之，必固与之。是谓微明。

两段文字中的动词，没有一个相同的，我们可说是“吻合”吗？《吕》书明明引“诗曰”，高诱注也只说是“逸诗”，这本不成问题。颉刚说：

若认为取自《老子》，那是犯了以后证前的成见。（《史学年报》四，页二三）

这是颉刚自己作茧自缚。从高诱以来，本无人“认为取自《老子》”的。

又如《吕氏春秋·任数》篇引申不害批评韩昭侯的话：

何以知其聋？以其耳之聪也。何以知其盲？以其目之明也。何以知其狂？以其言之当也。

这是当时论虚君政治的普通主张，教人主不要信任一己的小聪明。此篇的前一篇（《君守》）也有同样的语句：

> 故有以知君之狂也，以其言之当也。有以知君之惑也，以其言之得也。君也者，以无当为当，以无得为得者也。故善为君者无识，其次无事。有识则有不备矣，有事则有不恢矣。

若以《吕》书引申不害为可信，我们至多可以说，《君守》篇的一段是用《任数》篇申不害的话，而稍稍变动其文字，引申其意义。然而颉刚说：

> 这一个腔调与《老子》十二章所云“五色令人目盲，五音令人耳聋，五味令人口爽，驰骋畋猎令人心发狂”甚相似。

这几段文字哪有一点相似？难道《老子》书中有了目盲耳聋，别人就不会再说目盲耳聋了吗？说了目盲耳聋，就成了《老子》腔调了吗？

这样看来，颉刚说的《老子》五千言有三分之二被吸收在《吕氏春秋》里，是不能成立的。依我的检查，《吕氏春秋》的语句只有三条可算是与《老子》很相同的。（“大器晚成”条，“祸兮福之所倚”条，《君守》篇“不出户而知天下”条。）此外，那四十多条，至多不过有一两个字眼的相同，都没有用作证据的价值。

第三，我们要问：《吕氏春秋》里有这三条与《老子》很相同的文字，还偶有一些很像套用《老子》字眼的语句，但都没有明说是引用《老子》——从这一点上，我们能得到何种结论吗？

我的答案是：

（1）《吕氏春秋》既没有什么“引书例”，那三条与今本《老子》很相合的文字，又都是有韵之文，又都有排比的节奏，最容易记忆，著书的人随笔引用记忆的句子，不列举出处，这一点本不足引起什么疑问，至少不够引我们到“那时还没有今本《老子》”的结论。因为我们必须先证明“那时确没有今本《老子》”，然后可以证明“《吕氏春秋》中的那三段文字确不是引用《老子》”。不然，那就又成了“丐辞”了。

（2）至于那些偶有一句半句或一两个字眼近似《老子》的文字，更不够证明什么了。颉刚自己也曾指出《淮南子》的《原道训》“把《老子》的文辞、成语和主义融化在作者自己的文章之中，而不一称‘老子曰’。然而他写到后来，吐出一句‘故老聃之言曰，天下之至柔驰骋天下之至坚，出于无有，入于无间，吾是以知无为之有益’。”（《史学年报》四，页十六。）颉刚何不试想，假使《原道训》一篇的前段每用一句《老子》都得加“老子曰”，那还成文章吗？我们试举上文所引《吕氏春秋》的第（8）例来看看：

> 天地大矣，生而弗子，成而弗有，万物皆被其泽，得其利，而莫知其所由始。

假定这里面真是套了《老子》的“生而不有，为而不恃”，请问：如果此文的作者要想标明来历，他应该如何标明？他有什么法子可以这样标明？颉刚所举的五十条例子，所谓“同”，所谓“义合”，所谓“甚相似”至多不过是这样把《老子》的单辞只字“融化在作者自己的文章之中”，在行文的需要上，绝没有逐字逐句标明“老子曰”的道理，也绝没有逐字逐句标明来历的方法。所以我说，这些例子都不够证明什么。如果他们能证明什么，至多只能够暗示他们套用了《老子》的单辞只字，或套用了《老子》的腔调而已。

李侯佳句往往似阴铿，他虽不明说阴铿，然而我们绝不能因此证明阴铿生在李白之后。

顾先生此文的后半，泛论战国后期的思想史，他的方法完全是先构成一个“时代意识”，然后用这“时代意识”来证明《老子》的晚出。这种方法的危险，我在前面第三、四两节已讨论过了。

六

我已说过，我不反对把《老子》移后，也不反对其他怀疑《老子》之说。但我总觉得这些怀疑的学者都不曾举出充分的证据。我这篇文字只是讨论他们的证据的价值，并且评论他们的方法的危险性。中古基督教会的神学者，每立一论，必须另请一人提出驳论，要使所立之论因反驳而更完备。这个反驳的人就叫作“魔的辩护士”。我今天的责任就是要给我所最敬爱的几个学者做一个“魔的辩护士”。魔高一尺，希望道高一丈。我攻击他们的方法，是希望他们的方法更精密，我批评他们的证据，是希望他们提出更有力的证据来。

至于我自己对于《老子》年代问题的主张，我今天不能细说了。我只能说，我至今还不曾寻得老子这个人或《老子》这部书有必须移到战国或战国后期的充分证据。在寻得这种证据之前，我们只能延长侦查的时期，暂缓判决的日子。

怀疑的态度是值得提倡的。但在证据不充分时肯暂缓判断的气度是更值得提倡的。

一九三三年元旦改稿